과거 제도, 조선을 들썩이다

푸른숲 역사 퀘스트

과거 제도
조선을 들썩이다

이광희·손주현 지음 | 박양수 그림

푸른숲주니어

프롤로그

과거 시험이 껌이라고?

여러분, 안녕! 나는 '뭐든지 답해 주는 역사 연구소'의 명쾌한 박사야. 요즘 내 역사 해설이 명쾌하다고 소문이 나는 바람에 하루에도 수십 통씩 메일이 오곤 해. 오늘은 어떤 메일이 왔는지 한번 열어 볼까?

진짜 궁금한 게 있어요. 박사님은 학교 다닐 때 공부를 잘하셨나요? 수능 점수는 몇 점이었어요? 시험 볼 때 잘 찍는 방법 좀 알려 주시면 안 될까요?

뭐라냐? 하필 이런 질문을 열어 가지고서는. 그래도 답장은 해야겠지? 명색이 뭐든지 답해 주는 연구소니까. 공부는 말이야, 차근차근, 열심히, 부지런히, 교과서만 보면서 하면 돼. 뭐? 수능 점수부터 밝히라고? 안 되겠다. 다음 질문을 빨리 열어 봐야지.

답장　전체답장　전달　🗑삭제　스팸설정　복사　이동▼　　…

☆　제목 : 조선 시대 양반으로 태어날 걸 잘못했어요!

▲　보낸사람 : 양명이

　　받는사람 : 멍 박사님

안녕하세요, 멍 박사님. (멍 박사라니, 이게 무슨 소리야?)

저는 입신 중학교 2학년 양명이라고 합니다. (입신양명이로군.)

제가 요즘 아빠 때문에 고민이 아주 많아요. (나는 너희 때문에 고민이 많다.)

무슨 고민이냐고요? 아빠는 틈만 나면 이러세요.

'양명아, 네 이름이 왜 양명이인 줄 아니? 세상에 이름을 날리라고 그렇게 지은 거야. 처음엔 높은 벼슬아치가 되라고 아치라고 했다가 양씨 성을 붙여 보니 영 아닌 것 같아서 양명이라고 지었지.'

이러시면서 족보를 척 꺼내 놓고는 우리 집 몇 대 할아버지가 이조 판서를 지냈다는 둥, 뼈대 있는 집안이라는 둥, 너도 열심히 공부해서 훌륭한 사람이 되라는 둥, 잔소리를 무지막지하게 하세요. (비교당하면 괴롭긴 하지.)

근데요, 제가 조선 시대에 태어났으면 장원 급제는 따 놓은 당상이었을걸요? (엥? 네가? 어떻게?) 과거 시험 뭐 그까이 거, 《논어》《맹자》만 달달 외워서 쓰면 되는 거 아닌가요? 지금처럼 수학 선행 학습에 국어, 영어, 과학도 모자라 코딩 학원까지 다니는 저희 학습량이랑 비교하면 그건 정말 껌이죠. (하이고, 그래. 왜 아니겠니?)

조선 시대에 태어날 걸 잘못했어요. 조선 시대였으면 가뿐하게 장원 먹고 입신양명했을 텐데 말이죠. 그리고 한번 급제하면 그걸로 끝이잖아요. 흰머리 날 때까지 경복궁에서 일하면 그만이고, 시험 같은 거 안 봐도 되고요! 안 그런가요? (응, 안 그래.)

아니, 과거 시험을 보면 당연히 장원 급제라니……. 대체 이런 자신감은 어디서 나오는 거야? 하긴 달달 외워서 그대로 쓰기만 하면 된다고 생각할 수도 있겠군. 한자 능력 검정 시험 치듯이 말이야. 음, 이런 오해를 풀어 주는 게 바로 우리 역사 연구소가 할 일이지.

일단 알파봇한테 자료 조사부터 시켜야겠군. 어라, 알파봇 이 녀석 어디 갔어? 또 몰래 숨어서 알파고랑 바둑 두고 있는 거 아냐?

알파봇, 어디 간 거야? 양명이가 보낸 메일 봤지? 어이없긴 하지만 제법 고민이 담겨 있는 거 같던데?

그렇긴 한데……, 역사 연구소가 고민 상담소는 아니잖아요? 왜 이런 메일을 보냈는지 모르겠어요. 고민 상담이라면 차라리 EBS 〈부모 성적표〉에나 사연을 보낼 것이지. 아 참, 방송이 종료됐구나.

그런데 말이야, 과거 시험은 역사 이야기잖아. 심지어 양명이가 과거 시험을 껌이라고 생각하고 있는데, 그런 오해는 우리가 풀어 줘야 하지 않겠어? 어떻게 하면 좋을지 잘 생각해 보고 의견을 말해 봐. 인상 좀 그만 쓰고.

전 원래 이렇게 생겼는데요? 로봇 얼굴이 바뀌는 거 보셨어요? 박사님이 자꾸 그러시니까 사람들이 저한테 표정 관리 좀 하라고 잔소리하잖아요!

알았다, 알았어. 일단 의견이나 내 봐.

 조금 있다가 과거 제도에 대한 자료 준비할게요.

조금은 무슨 조금이야, 인공 지능 주제에. 어떤 걸 알려 주면 좋을지 어서 말해 보라니까!

 아, 정말! 일단 육하 원칙에 따라 과거 제도는 언제 생겨났고, 어디서 들어왔고, 누가 봤고, 왜 실시했고, 어떻게 진행했는지 알려 주면 될 거 아니에요? 그러면 '가뿐하게' 급제한다는 둥 하는, 조선 시대 똥강아지가 웃을 만한 소린 못 하겠죠.

그래, 역시 인공 지능이다. 바로 해설 들어갈 테니까 빨리 연구실로 건너와. 바둑 그만두고.

 하, 박사님 또 오해하시네. 누가 바둑을 두었다고 그러세요?

아, 그래? 미안. 당장 바둑 끊고 이리 와.

과거 제도의 모든 것을 알려 주마!

양명이의 메일을 읽고 나니 마음이 저릿하구먼. 공부하느라 스트레스를 얼마나 받았길래, 조선 시대에 태어났으면 가뿐하게 장원 급제했을 거라는 소릴 다 할까? 과거 시험이 그리 만만한 게 아닌데 말이야. 과거 시험이 얼마나 어려웠는지는 차차 이야기하기로 하고, 먼저 과거 제도에 대해 간단하게 정리해 볼까?

과거 제도는 말 그대로 시험을 봐서 관리를 선발하는 제도야. 요즘 대학에 입학하기 위해 치는 시험이 뭐라고? 그래, 바로 대학 수학 능력 시험이지. (이걸 줄여서 '수능'이라고 하는 거 다 알고 있지?) 관리를 선발하는 시험이나 학생을 선발하는 시험이나, 준비를 하자면 힘들고 어렵기는 매한가지.

과거 제도는 고려 시대 광종 때부터 조선 후기 고종 때까지 약 천 년 동안 시행되었어. 과거 제도가 온전히 자리 잡은 건 조선 시대였지. 선비들에겐 과거에 급제해 관리가 되는 게 유일한 출셋길이었어. 그래서 선비란 선비는 모조리 과거 시험에 매달릴 수밖에 없었고, 그만큼 경쟁률도 무지무지 높았지.

아니, 선비면 양반일 텐데……. 손에 물 한 방울 안 묻히고 노비들 부려 가며 편안하게 살면 되지, 왜 그까짓 과거 시험을 보겠다고 난리냐고? 음, 그들이 목숨을 걸다시피 하면서 과거 시험에 달려들었던 데에는 다 그럴 만한 이유가 있었지.

다들 알다시피, 양반은 꽤 많은 혜택을 누리는 신분이었어. 지금으로 따지면 군대도 안 가고, 세금도 조금만 내는 셈이었으니까. 그러다 보니 경제적으로도 매우 풍요로웠지.

그런데 이렇게 편하고 좋은 양반 신분을 유지하기 위해선 조건이 있었어. 할아버지, 아버지, 손자 가운데 한 명은 과거 시험의 예비 시험이라도 통과를 해야 했거든. 그러니까 삼 대에 걸쳐 급제자를 한 명도 배출하지 못한 집안은 경제적으로 어려워질 뿐 아니라, 과거 시험에서도 불이익을 당하는 경우가 많았지. 그러다 보니 가문의 부와 명예를 위해 전 재산을 들이고 평생을 바쳐서 과거 시험에 매달린 거야.

지금으로 치면 전국에 대학교가 딱 하나밖에 없는데, 너도나도 전부 거기에 들어가려고 아우성을 치는 거지. 경쟁이 얼마나 치열했을지 상상이 되니?

그렇거나 말거나, 이제 양명이의 오해를 풀어 주어야지. 자, 지금부터 과거 제도의 정체를 낱낱이 까발려 보자고.

자, 과거의 과거로 고, 고!

과거의 과거가 궁금해

　과거 제도를 처음 시행한 건 중국 수나라(581~618) 때야. 지금으로부터 1,400년 전이지. 그 당시 중국은 수없이 많은 나라가 세워졌다가 멸망하기를 거듭해서 매우 혼란스러웠어. 역사 시간에 위진 남북조 시대니 5호 16국 시대니 하는 말 들어 봤지? 바로 그 시대야.

　이 복잡하고 혼란한 시대를 수나라가 통일해. 그러고 나서 수나라 황제는 혼란스러운 상황을 수습하기 위해 과거 제도부터 정비했어. 시험을 통해 유능한 관리를 뽑고 싶었던 거야.

　그렇다면 과거 제도가 시행되기 전에는 관리를 어떻게 뽑았을까? 그냥 왕의 친척이나 큰 공을 세운 신하가 왕을 도와 나랏일을 보았지.

그리고 그 아들이 같은 자리에 올라서 일을 하고, 또 그 아들의 아들이……. 한마디로 말하면 '빽'이지. 혈연과 지연으로 벼슬을 했으니까.

비슷비슷한 배경을 가진 신하들이 모여서 한통속으로 나랏일을 하다 보니, 신하들의 입김이 왕의 목소리보다 커지는 일이 잦았어. 명색이 왕인데, 쩝……. 왕의 입장에서는 신하들의 힘을 약하게 만들어서 왕권을 키우고 싶었겠지? 그래서 공정한 방식으로 새로운 사람들을 뽑아 쓰겠다고 선포를 한 거야. 그게 바로 '과거 제도'야.

중국의 수나라에서 시작된 과거 제도는 당나라를 거쳐 송나라 때 이르러 그야말로 꽃을 활짝 피웠어. 그 뒤 명나라를 지나 청나라 때까지 이어지다가 20세기 초에 폐지되었지.

그러면 과거 제도는 어느 나라에서 실시되었을까? 사실 한자 문화권인 중국과 우리나라, 그리고 베트남 정도였어. 여기서 베트남은 일

위진 남북조 시대를 통일한 수나라

2세기 말, 중국은 통일 왕국이었던 한나라(후한)가 멸망하고 위·촉·오의 세 나라로 나뉘어 다투게 된다. 우리에게도 유명한 유비, 조조, 손권이 등장하는 《삼국지연의》의 배경이 된 시기이기도 하다. 조조가 세운 위나라에 이어 진나라가 중국을 다시 통일하는데, 진나라는 곧 북방 유목 민족에게 쫓겨 내려가 남쪽에 남조를 세우고, 북쪽에는 유목 민족이 세운 북위가 들어선다. 이 시기를 위와 진에 이어 남북에 다른 왕조가 있었다고 해서 '위진 남북조 시대'라고 부른다. 이렇게 약 백오십 년 동안 분열되어 있던 중국을 수나라가 통일한 것이다.

아니, 왜 관리를 시험 봐서 뽑아? 왕족과 귀족이 다 해 먹으면 될걸.

이 양반들이 진짜! 공평한 기회 몰라?

그러게, 중국이나 조선에서는 왕이 국가를 운영할 실력이 없나 보지.

유럽

조선

일본

시적으로 시행되었다가 오래지 않아 폐지되었고, 제대로 과거 제도를 실시한 나라는 중국과 우리나라뿐이라고 할 수 있지. 일본은 무사 계급이 지배했기 때문에 과거 제도를 도입하지 않았고, 유럽에서도 19세기까지는 시험을 쳐서 관리를 뽑는 제도가 없었다지?

고려 광종, 나라를 살릴 비책을 내놓다

그럼 우리나라에 과거 제도가 맨 처음 들어온 건 언제일까? 고려 제4대 왕인 광종 때야. 광종이 과거 제도를 도입한 데는 이유가 따로 있어. 과거 시험으로 인재를 뽑은 뒤 자기 세력을 키워서 왕권을 강화하기—어째 수나라 황제랑 이유가 비슷한데?—위해서였지.

광종이 왕위에 올랐을 때 고려는 왕권이 무지무지 약했어. 나라를 세운 지 얼마 안 된 때여서, 건국에 큰 공을 세운 호족 세력이 권력을 다 틀어쥐고 있었거든.

호족은 재산이 많고 세력이 강한 집안을 뜻하는데, 왕건이 고려를 세울 때 크게 이바지를 했다나 봐. 그래서 세상에 두려울 것이 하나도 없는 것처럼 제멋대로 굴었어. 왕의 침소에 자객을 들여보낼 정도였다니, 왕에게 얼마나 위협적인 존재였는지 알만하지?

이렇게 불안한 시기에 왕이 된 광종은 겉으로는 호족들과 좋은 관계를 유지하는 척하면서 속으로는 적당한 때를 기다렸지. 그러다가 마침내 칼을 휙 뽑아 들었어. 호족들의 힘을 누르고 왕권을 강화하기 위한 '노비안검법'과 '과거 제도'를 내세웠거든.

노비안검법이 뭐냐고? 말 그대로 풀이하면, '원래 노비가 아니었던 사람을 양인으로 되돌려 주는 제도'야. 광종은 이 제도를 통해 후삼국 시절에 전쟁 포로로 잡혀서 노비가 되었거나, 집안이 가난해서 노비가 될 수밖에 없었던 양인들을 해방시켜 주려 했지.

그러자 호족들이 강하게 반발했어. 호족에게 노비는 아주아주 중요한 재산이었거든. 농사일 시키지, 집안일 시키지, 손에다 무기를 쥐여 주면 병사가 되지……. 이러니 호족들이 노비를 풀어 주라는 광종의 말을 고분고분 듣고 싶었겠어?

하지만 호족들의 강한 반발에도 불구하고 광종은 노비안검법을 강

하게 밀어붙였어. 그 덕분에 일석이조의 효과를 거두었지. 양인이 된 백성들이 세금을 꼬박꼬박 내니까 나라 살림이 늘어났고, 왕을 위협하던 호족들은 힘이 쭉 빠지게 되었거든.

광종과 쌍기의 수상쩍은 만남

아까 광종이 왕권 강화를 위해 뽑아 든 또 하나의 칼이 뭐라고 했지? 그래, 바로 이 책의 주인공인 '과거 제도'야. 사실, 우리 역사에서 유명한 왕들은 대부분 즉위하자마자 인재부터 찾기 시작했어.

우리나라 역사상 최고의 왕으로 꼽히는 세종도 왕위에 오르자마자 집현전을 설치해서 인재를 끌어모았고, 개혁 군주로 불리는 정조 역시 규장각을 만들어서 개혁을 뒷받침할 인재를 키웠지. 밑에서 받쳐주고 도와줄 사람들이 많아야 왕이 제대로 힘을 쓸 수 있으니까.

광종이 시행한 과거 제도도 같은 맥락으로 볼 수 있어. 과거 제도를 통해 관리를 선발하고, 왕을 지지하는 인재들을 내세워 왕권을 강화해 나가려는 것이었지.

958년, 광종은 중국의 후주라는 나라에서 귀화한 쌍기의 건의를 받아들여 과거 제도를 맨 처음 시행했어. 사실 광종과 쌍기의 만남은 무척 극적이었다고 해.

그 무렵, 사신으로 와 있던 쌍기는 일을 마치고 귀국하려던 차에 그만 병이 나서 고려에 혼자 남아 있게 되었어.

광종은 후주의 사신이 병이 나서 누워 있다는 얘기를 듣고 친절하게도 친히 병문안을 갔지. 둘이 마주 앉아 이런저런 이야기를 나누다 보니, 쌍기의 학식이 엄청나게 뛰어난 거야.

광종은 그 자리에서 쌍기에게 고려에 남아 자신을 도와 달라고 부탁했어. 역시 인재를 알아보는 눈이 탁월…….

그때 쌍기는 이렇게 대답했지.

"훌륭하신 왕께 제가 무슨 도움이 되겠습니까? 헌데 무엇을 도와 달라는 말씀이신지요?"

"왕권을 키워서 고려를 부강한 나라로 만들고 싶소. 그런데 알다시피 호족의 반발이 워낙 심해서……."

"그러시다면 과거 제도를 시행해 보심이 어떨지요?"

결국 쌍기는 광종을 돕기 위해 고려로 귀화했고, 광종은 과거 제도를 시행하겠다고 선포했어. 호족들은 또 난리를 쳤지. 왜냐하면 그때까지 고려 조정에서 방귀깨나 뀌는 자리는 호족들이 대를 이어 독차지하고 있었으니까. 그런데 갑자기 시험을 쳐서 관리를 뽑겠다고 하니, 귀신이 씻나락 까먹는 소리로 들리지 않았겠어?

호족도 과거 시험을 봐서 정정당당하게 관직에 오르면 안 되냐고? 뭐, 그럴 수 있다면야 무슨 걱정일까마는, 툭 까놓고 말해서 그게 좀 힘들었어. 호족은 돈도 많고 권력도 넘쳤지만, 학식은 많이 딸렸거든. 생각해 봐! 아버지만 잘 만나면 놀고 먹다가도 순순히 높은 관직에 오르는데, 뭣하러 기운 빠지게 힘들여 공부를 하겠어?

그건 그렇고, 우리끼리니까 하는 얘긴데 말이야. 광종과 쌍기의 만남에는 숨겨진 뒷이야기가 있어. 아까 쌍기가 병이 나서 고려에 남아 있다가 광종의 부탁으로 귀화했다고 했지?

그런데 사실은 광종이 중국에서 과거 제도를 관리했던 쌍기의 능력을 이미 알고 있었다고 해. 쌍기가 고려에 사신으로 오기도 전에 미리

광종, 고려의 기틀을 닦다

949년, 고려를 세운 태조 왕건의 넷째 아들이 네 번째 왕위에 올랐다. 바로 고려의 기반을 세운 광종이다. 왕건의 뒤를 이은 제2대 왕 혜종과 제3대 왕 정종이 호족 세력에 눌려 정치적인 기반을 마련하지 못하는 걸 지켜본 광종은 과감하게 노비안검법과 과거 제도를 시행했다. 뿐만 아니라, 황제를 칭하는 '짐'이라는 용어를 사용하고 수도인 개경을 황제가 머무는 '황도'라고 부르도록 했다. 이는 전부 왕의 권위를 높여 호족 세력을 약화시키려는 의도였다. 또한 신하들의 공복 색깔을 법으로 정해서 관리의 위계 질서를 확립했다. 광종은 자신의 정책에 반발하는 호족들을 전부 숙청한 걸로도 유명했다. 그래서 호족과의 관계가 한창 껄끄러운 시기에는 암살의 위협을 느껴 아들조차 가까이 다가오지 못하게 했다나?

고려에 귀화시킬 계획을 짜고 있었다나? 쌍기가 병이 나서 어쩌고저쩌고 한 건 바로 두 사람의 쇼였다는 소문이……. 믿거나 말거나.

과거 제도, 첫 단추를 끼우다

아무튼 광종이 시작한 과거 제도는 갖은 우여곡절을 겪으면서도, 고려가 멸망할 때까지 사백 년 넘게 존재했어. 그러다 1388년에 엄청나게 큰 사건이 일어나게 돼.

그 유명한 위화도 회군이 일어나거든. 고려의 장군이었던 이성계가 중국의 랴오둥(요동)을 정벌하러 가다가, 압록강 하류 위화도에서 군사를 돌려 정변을 일으키고 권력을 잡잖아. 결국 4년 뒤, 공양왕은 이성계에게 왕위를 넘겨주고 고려의 마지막 왕이 되고 말지. 이 말인즉슨, 고려 시대가 끝나고 조선 시대가 시작되었다는 거야!

맙소사, 나라가 바뀌었으니 이런저런 제도들이 싹 바뀌었겠네? 맞아, 그렇지만 과거 제도는 꿋꿋이 살아남았어. 정도전·조준 등 신진 사대부를 등에 업고 조선의 태조가 된 이성계 역시 누구 못지않게 자신을 뒷받침해 줄 인재가 필요했거든.

게다가 조선은 유교 이념을 바탕으로 세워진 나라야. 유교 경전에 통달한 관리를 뽑는 과거 시험을 마다할 이유가 전혀 없었지. 그만큼 자연스럽게 조선 시대로 넘어와 정착을 했다고나 할까? 고려 시대 과거 시험과 조금 달라진 점이 있긴 하지만, 그리 큰 변화는 아니었어.

콩 심은 데 콩 나고 팥 심은 데 팥나는
조선 시대 '과거 제도'

문과	➡	문관	
무과	➡	무관	
잡과	➡	기술관	

무과 시험이 신설되었다는 정도?

조선 시대의 과거 제도에는 문과와 무과, 잡과가 있었어. 문과는 유교 경전을 바탕으로 글을 잘 짓는 문관을 선발하는 시험이고, 무과는 무술에 능숙한 무관을 뽑는 시험, 잡과는 여러 분야의 기술관을 뽑는 시험이었지.

자, 그럼 본격적으로 조선 시대의 과거 제도를 파헤쳐 볼거나?

과거 시험을 아무나 볼 수 없다고?

Q. 과거 시험은 누가 보나요?

음, 조선에서 태어난 양인이라면 누구나 과거 시험을 볼 수 있었어. 앞에서도 양인이라는 말이 두어 번 나왔지? 양반이랑 한 글자밖에 다르지 않다고 대충 비슷하게 생각하면 곤란해. 신분제 사회에서 지배 계층인 양반과 그렇지 않은 양인이 누릴 수 있는 권세와 혜택은 하늘과 땅 차이거든.

이런, 그림의 떡 같은 과거라니……!

양인이란, 천인—대표적으로 노비가 있겠네!—이 아닌 신분을 말해. 선비나 농부, 수공업자, 장사꾼 같은 대부분의 사람들. 큼큼, 조선의 법전인 《경국대전》에 분명하게 나와 있다는 말씀!

그렇다면 모든 양인이 과거 시험에 응시할 수 있었을까? 곰곰이 생각해 봐. 일 년 열두 달 농사짓느라 눈코 뜰 새 없이 바쁜 농부가 언제 공부해서 그 어려운 시험을 보겠어? 그림의 떡이나 마찬가지지.

조선 시대 때 치러진 과거 시험은 사실 밥 굶을 걱정 없이 공부에만 집중할 수 있는 최상위 계층인 양반들이 볼 수밖에 없었어.

Q. 신분에 따라 응시 과목이 다른가요?

맞아. 과거 시험은 신분에 따라 볼 수 있는 과목이 정해져 있었어.

조선 고유의 법전, 《경국대전》

조선 시대 통치의 기본이 되는 법전을 가리킨다. 지금으로 따지면 '대한민국 헌법'이랑 비슷하다고나 할까? 고려 말부터 조선 제9대 왕인 성종 시절까지, 약 백여 년 동안 모은 각종 법령과 조례 따위를 망라해 성종 7년인 1476년에 완성했다. 다툼이 있거나 법으로 해결해야 할 문제가 있을 때 중국의 사례를 따르던 관행을 막고, 조선만의 법체계를 만들었다는 데 큰 의미가 있다. 또한 노비에 관한 조항이 세세하게 규정되어 있어, 당시 조선 사회가 노비제를 바탕으로 유지되었다는 사실을 추측하게 한다.

여자는 과거 시험도 못 보게 하다니! 이게 나라냐?

언니 멋져요!

여자라는 이유로 '과거 시험' 못 봤다!

사실 '양반'이라는 말 자체가 조선 시대 관직에 진출한 지배 계층과 그 자손들을 아울러 부르는 이름이야. 문과 시험을 통과한 '문반'과 무과 시험을 통과한 '무반', 이 둘을 합해서 '양반'이라고 불렀거든.

양반은 문과든 무과든 가리지 않고 다 시험을 볼 수 있었어. 심지어 잡과에도 응시할 수 있었다지? 이쯤 되면 과거 제도 최고의 포식자라고 해야 하나?

그렇지만 양반들은 주로 문과 시험을 봤어. 너도나도 문과 시험에 몰려들어서 경쟁이 워낙 치열하다 보니, 더러 무과 시험을 보는 양반이 있기는 했지만. 뭐, 어쨌든 양반이 '과거에 응시한다'고 하면 대개 문과 시험을 본다는 뜻이었어.

잡과는 대부분 양반보다 지위가 낮은 중인들이 주로 응시했고. 여기서 중인은 양반과 평민의 중간에 있던 신분 계급이야. 주로 기술직이나 사무직에서 일했지.

그럼 천인은 어땠을까? 말하나 마나 뻔하지 않겠어? 노비, 기생, 광대, 백정 같은 천인들은 아예 과거 시험을 볼 수가 없었어. 시험 칠 자격조차 주지 않았거든. 지금으로 치면 타고난 신분이 낮다는 이유로 대학 수학 능력 시험이나 공무원 시험, 자격증 시험 등에 응시조차 하지 못했던 셈이지.

　그리고 하나 더! 조선 인구의 절반을 차지하던 여성도 과거 시험에 응시할 수 없었어. 그래서인가? 조선 시대 관리 중에 여성은 한 명도 떠오르지가 않네! 참 불공평한 세상이었어. 그치?

Q. 서얼 출신은 시험을 봤나요?

　서얼이 뭐냐고? TV에서 사극 드라마를 보면 꼭 비극의 주인공으로 등장하는 역할 있잖아. 키 크고 잘생긴 배우가 나와서 아비를 아비라 부르지 못하고 대감마님이라 부르며 허구한 날 눈물짓는…….

　서얼은 '서자'와 '얼자'를 합친 말이야. 서자는 양반 남자와 양인 신분의 첩 사이에서 태어난 자식을 일컫는 말이고, 얼자는 양반 남자와 천인 신분의 첩 사이에서 태어난 자식을 가리키는 말이지. 우리가 잘 아는 《홍길동전》에서 동에 번쩍, 서에 번쩍 하면서 종횡무진 활약하는 길동이가 가장 널리 알려진 서얼 중 한 명이야.

서얼을 대놓고 차별하는 헬조선!

　서얼은 무과나 잡과에는 응시할 수 있지만 문과 시험은 볼 수 없었어. 심지어 양인도 문과에 응시할 수 있는데, 첩의 자식이라 해도 양반의 피가 절반이나 흐르는 서얼이 왜 그런 대접을 받았냐고?

여기에는 양반들의 꼼수가 숨어 있었어. 관직의 수는 정해져 있는데 과거 시험을 보려는 사람은 자꾸 늘어나니까, 자기네 밥그릇을 지키려는 속셈으로 아예 통로를 막아 버린 거지.

참, 서얼 말고도 문과 시험을 볼 수 없는 사람들이 있었어. 신분이 높아도 죄를 지은 자나 탐관오리의 자손, 또 재가하거나 행실이 바르지 못한 여성의 자손들이야. 여기서 재가는 남편이 죽은 뒤에 다른 사람과 다시 혼인하는 걸 뜻해. 요즘 말로 하면 재혼이지. 쳇, 재혼이 무슨 죄라고! 사람은 자고로 시대를 잘 타고나야 한다니까.

Q. 소과와 대과는 뭔가요?

문과 시험에는 예비 시험과 본시험이 있어. 이 둘을 차례로 통과해야 급제를 할 수 있지. 여기서 예비 시험을 소과라 하고, 본 시험을 대과라고 해. 소과는 또다시 초시(1차 시험)와 복시(2차 시험)로 나뉘는데, 초시에 합격한 사람을 '초시'라고 불렀어.

소과를 다른 말로 '생원진사시'라고도 해. 즉 '생원'과 '진사'를 뽑는 시험이란 뜻이지. 생원시는 유교 경전을 논술하는 시험이고, 진사시는 문장이나 시를 짓는 시험이야.

혹시 맹 진사나 꽁 생원이라는 말을 들어 본 적 있니? 맹 진사니 꽁 생원이니 하는 이름이 우스갯소리처럼 들릴지 몰라도 나름 소과 시험을 통과한, 그러니까 동네에서 제법 공부 좀 한다는 사람들인 셈이야.

황순원 소설 〈소나기〉에 나오는 윤 초시 알지? 내가 바로 그 윤 초시야.

소과에서 몇 명이나 뽑았기에 이리 호들갑이냐고? 소과 시험이 한 번 열리면 진사 백 명, 생원 백 명, 합쳐서 이백 명을 뽑았어. 그러니까 생원이나 진사가 되었다는 건 전국에서 이백 등 안에 들었다는 얘기야. 이만하면 호들갑 떨 만하지 않아?

게다가 생원과 진사는 성균관에 입학할 수 있는 자격을 얻었어. 성균관이 뭔지는 알지? 조선 시대 최고 교육 기관이야. 지금으로 치면 서울대학교쯤 된다고 해야 할까? 생원과 진사가 성균관에 입학해 열심히 공부하다가, 본시험인 대과에 합격한 뒤 벼슬아치가 되는 것이 그 시대 양반들의 엘리트 코스였지.

Q. 장원 급제는 어떻게 뽑아요?

휴, 생각보다 복잡하지? 이제 본시험인 대과에 대해 알아볼까?

대과는 초시, 복시, 전시의 세 단계 시험을 치러야 해. 원칙적으로는 소과를 통과한 생원과 진사에게만 대과에 응시할 자격을 주었지만, 일반 유생들도 시험을 볼 수는 있었어. 대과는 1차 시험인 초시에서 이백사십 명을 뽑은 다음, 2차 시험인 복시에서 서른세 명을 선발하지. 이 서른세 명이 바로 '급제자'야. 요즘 말로 합격자…….

마지막 3단계 시험인 전시는 과거 시험에 급제한 서른세 명만 보는 시험이야. 더 이상 시험에서 떨어질 일은 없는 셈이지. 그냥 등수를 매기기 위한 시험이랄까?

그렇다고 해도 왕이 직접 참관해서 치르는 논술 시험이라서 난이도가 만만치 않았어. 예를 들어 세종 임금이 낸 '세금 제도 개혁에 따른

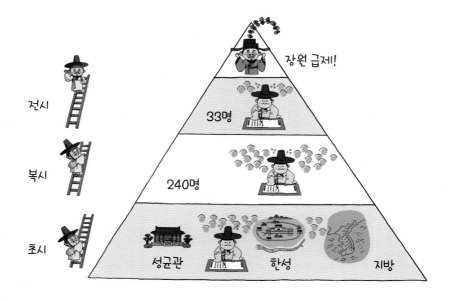

전시

복시

초시

장원 급제!

33명

240명

성균관 한성 지방

본시험인 대과에서 장원 급제까지

계책을 써라.'라든지, 정조 임금이 출제한 '상업 발달을 촉진하기 위한 방안을 논하라.'라든지……

논술을 마치면 일등부터 33등까지 등수를 매겨. 이때 일등한 사람을 '장원'이라고 불렀어. 그러니까 '장원 급제'는 소과와 대과를 모두 통과한 사람 중에서 일등을 했다는 뜻이지.

도전! 무과와 잡과

    이제 무과에 대해 슬슬 알아볼까? 무과도 문과의 대과처럼 초시, 복시, 전시 세 단계를 거쳤어. (하지만 문과와 달리 소과 시험은 치르지 않았다고 해. 아무래도 문과에 비해 가뿐한 느낌이었겠지?)

    무과 시험 과목은 '강서'와 '무예' 두 가지야. 강서는 '사서오경' 등 유교 경전과 역사서, 전쟁에 관한 병서, 그리고 조선의 법전인 《경국대전》을 읽고 대답하는 시험이고, 무예는 말 그대로 활 쏘고 창 쓰는 무술 시험이지.

양반은 무과를 싫어해

무과 시험은 한양에 있는 훈련원과 각 지방에서 초시를 본 다음, 합격자 백구십 명이 한양에 모여서 복시를 치렀어. 복시에서는 모두 스물여덟 명을 선발하는데, 이들이 바로 무과 급제자인 셈이야. 무과 시험의 마지막 단계인 전시는 문과와 마찬가지로 왕 앞에서 시험을 치른 뒤 일등을 뽑아 장원으로 삼았지.

그런데 잘나가는 가문의 양반들은 대부분 무과 시험을 보려고 하지 않았어. 조선 중기에 임진왜란과 병자호란이라는 큰 전쟁을 겪으면서 군사가 많이 필요해지자, 무과 시험을 치를 때마다 급제자를 어마어마하게 뽑았거든.

대개 천 명 이상씩 선발했는데, 어떤 때는 1만 명 이상 뽑은 적도 있다고 하니 지천에 널린 게 무관이라고 해도 지나친 말이 아닐 정도였지. 그러니 뭐 매력이 있었겠어? 몸 쓰는 일보다 글 읽는 걸 더 높게 치는 사회 분위기도 한몫을 했고.

심지어 임진왜란 때는 상황이 위급했던 나머지, 노비 같은 천민도 무과 시험을 볼 수 있게 해 주었어. 양반 입장에서는 노비와 같은 급으로 취급받기 싫었겠지. 그래서 양반들은 무과를 대놓고 무시하는 경우가 많았고, 어쩌다 무과에 응시해 급제한 양반들은 저희끼리 패를 이루어서 따로 어울렸다고 해.

자, 그럼 조선 시대 무과 시험장으로 슬슬 가 볼까?

아슬아슬, 무과 시험의 현장

무과 시험은 서서 보는 과목과 말을 타고 보는 과목으로 나뉘어. 목전·철전·편전·기사·기창·격구 등 여섯 개 과목에서 목전과 철전, 편전은 서서 활을 쏘는 시험이고, 기사와 기창, 격구는 말을 타고 보는 시험이야.

목전

오늘날 군대로 따지면 '서서 (총을) 쏴'라고나 할까? 쇠로 만든 화살촉 대신에 나무 화살촉을 끼운 뒤 멀리 쏘아 과녁을 맞히는 시험이야.

철전

엄청 큰 활과 무거운 화살을 사용하는 게 특징이야. 목전처럼 멀리서 활을 쏘아 과녁을 맞히는 시험이지. 무거운 화살을 멀리까지 보내기 위해 뛰면서 쏘는 경우도 있었다고 해.

편전

이건 '애기 화살'을 쏘는 시험이야. 편전의 활과 화살은 조그마한데도 워낙 강해서, 여진족이나 왜구가 조선의 비밀 병기라고 불렀다나?

기사

말을 타고 달리며 활을 쏘는 시험이야. 말을 가족처럼 여긴다는 몽

골족이나 여진족 등 유목 민족의 큰 장기이기도 해. 말을 타고 달리면서 활을 좌우로도 쏘고, 몸을 돌려 뒤로도 쏘고. 어때, 어렵겠지?

기창

말을 타고 달리며 좌우에 있는 허수아비를 창으로 찌르는 시험이야. 몇 번의 큰 전란을 겪으면서, 기병을 중요하게 생각하게 되었다고 해. 그래서 말을 탄 채로 병장기를 다루는 시험을 꼭 포함했다지?

격구

말을 타고 나무채로 공을 쳐서 목표 지점에 넣는 시험이야. 외국의 스포츠인 폴로와 비슷해. 하지만 합격자가 한 명도 안 나올 때도 있을 만큼 어려운 과목이어서 나중에 폐지되었어. 대신 조총 사격을 하는 시험이 새롭게 생겨났지.

조선의 기술 전문가를 뽑다, 잡과

잡과에는 통역관을 뽑는 역과, 의원을 뽑는 의과, 천문 지리를 담당하는 음양과, 법률 담당 관리를 선발하는 율과가 있었어. 잡과 시험은 누가 보았을까? 천인을 제외하고 누구든지 볼 수 있었어.

지금도 그렇지만 시험 칠 자격이 있다고 누구나 다 지원하지는 않았지. 잡과에 합격해서 관리가 되어도 제일 높이 오를 수 있는 품계가 종6품까지였어. 조선 시대에는 기술관을 천시하는 경향이 있었거든.

그래서 중인들이 주로 잡과를 봤어.

이런 분위기 때문인지, 잡과 출신은 시험에 합격하고서도 문과나 무과에 비해 낮은 대우를 받았어. 심지어 합격자에게 주는 패에서도 차별을 두었다지 뭐야? 문과와 무과 합격자는 합격증으로 홍패를 받았는데, 잡과 합격자는 백패를 받았다고 해. 조선 시대에는 색깔로 신분의 차이를 표시하기도 했는데, 백패는 홍패보다 단계가 낮은 합격증으로 취급받았거든.

그렇다고 잡과를 우습게 보면 곤란해. 잡과 출신들이 어떤 걸 공부했는지 알면 절대로 무시하지 못할걸? 지금으로 치면 동시통역, 의학, 약학, 천문학, 법학 등이었으니까 말이야.

요즘에 의대나 약대를 가려면 날고 기어야 하잖아. 조선 시대에 그런 학문과 기술을 익히려면 얼마나 어려웠겠어? 그러니 문과든 무과든 잡과든 똑같이 어렵고 중요했다는 말씀!

과거 시험이 얼마나 어렵길래?

문과와 무과, 잡과가 어떤 시험인지 잘 살펴봤어? 장원 급제는 고사하고 급제를 하는 것만 해도 굉장히 어려웠지. 그래서 재수나 삼수는 기본이고, 십수도 비일비재했다나?

이렇게 과거 급제가 어렵다 보니, 어려서부터 과거 시험을 미리 준비하는 조기 교육이 유행했다고 해. 반대로 일흔 살이 넘도록 평생 공부에만 매달리는 사람도 많았고.

그래도 썩 와 닿지는 않는다고? 좋아, 그럼! 실제 사례를 몇 가지 보여 주도록 하지.

"알파봇, 조선 선비들의 합격 사례 좀 찾아서 보여 줄래?"

이황이 과거 시험에서 낙방을 했다고?

알겠습니다, 박사님. 과거 시험이 얼마나 어려웠는지 몸소 보여 준 선비 두 분을 소개할게요. 과거 시험은 한마디로 '낙타가 바늘구멍을 통과하는' 것만큼 어려웠다고 해요.

급제하는 데 보통 십 년 이상이 걸렸고, 이십 년 이상, 아니 삼사십 년 넘게 걸린 사람도 많았다고 하니까요. 그러다 보니 일흔 살이 넘은 급제자도 왕왕 있었지요.

자, 이제 합격 사례를 들려줄 두 분을 소개할게요. 알 만한 사람들은 다 아는, 바로 이황과 이항복 선생입니다! 퇴계 이황 선생은 조선의 성리학을 체계적으로 정리한 최고의 학자고요, 이항복 선생은 〈오성과 한음〉 이야기 속의 신동으로 널리 알려진 분이에요.

공부에 관해서만큼은 둘째가라면 무지무지 서러워할 조선 시대 최고의 학자와 재상이 과거 시험에 떨어져서 재수와 삼수를 했다면 믿으시겠어요?

그런데 조선 시대에는 한두 번 떨어지는 게 워낙 기본인지라…… 절대로 부끄러워할 일은 아니었어요. 네 살에 글공부를 시작해 일곱 살에 시를 척척 지어내 천재 소리를 들었다는 정약용도 과거 시험에선 미끄러진 적이 있으니까요.

그럼 이황과 이항복의 고백(?)을 한번 들어 볼까요?

조선 과거 일보

[단독] 이황, 과거 낙방 충격 고백

"소과에 세 번 떨어진 적 있다."

성리학 연구의 최고봉으로 오늘날 서울대학교 총장 격인 성균관 대사성을 역임한 이황이 젊은 시절 과거 시험에 여러 번 떨어진 적이 있다고 고백해 동료들은 물론, 시험을 준비하고 있는 유생들에게 큰 충격을 안겨 주고 있습니다.

인터뷰에서 이황은 "젊었을 때 열심히 공부를 하고서 시험을 봤는데도 보는 족족 떨어졌다."고 답답하게 말문을 열었으나, 인터뷰 말미에는 눈시울을 살짝 붉혀 주변 사람들을 안타깝게 만들기도 했습니다.

열두 살에 《논어》를 읽을 정도로 똑똑했다는 이황이 과거 시험에 떨어진 적

이 있다는 사실도 충격적입니다만, 낙방한 시험이 예비 시험인 소과라는 사실에 놀라움을 금할 길이 없습니다. 그것도 소과에서 세 번씩이나 떨어졌다고 하니 뒷말을 이어 가기가 어려울 지경입니다.

다행히 이황은 불굴의 의지로 열심히 공부해 스물일곱 살에 진사시에 합격해 성균관에 입학합니다. 그 후에는 더욱더 죽을 둥 살 둥 공부해 서른셋에 당당히 문과에 합격을 하게 됩니다. 과거 공부를 시작한 지 십 년 만에, 그리고 예비 시험에 합격한 지 육 년 만에 바야흐로 급제를 한 것입니다.

물론 과거에 떨어진 적이 있다고 해서 이황의 학문이 빛바래는 것은 아닙니다. 경쟁률이 워낙 높다 보니 조금만 실수를 해도 떨어질 수 있으니까요. 중요한 건 이황이 급제한 뒤에도 밤낮으로 학문을 닦아, 조선은 물론이거니와 명나라와 일본에서까지 인정받는 최고의 성리학자가 되었다는 사실이 아닐까요?

참고

매가공부서원
(每佳工夫)

6세부터 시작해야
'성균관' 간다!

최고의 훈장님들이 맞춤 교육합니다.

이황은 누구?

율곡 이이와 쌍벽을 이루는 조선 최고의 성리학자. 제14대 왕인 선조가 즉위하자 삽화를 곁들여 성리학을 아주 쉽게 설명한 《성학십도》를 만들어 바쳤다. 관직 생활보다는 책 읽고 연구하는 것을 좋아해, 수십 차례나 관직을 사양하고 고향에 내려가 학문을 닦았다. 훗날 성리학을 가르치는 도산 서원을 지어 후학들을 양성했다. 호는 퇴계. 요즘은 천 원짜리 지폐의 주인공으로 잘 알려져 있다.

조선 과거 일보

【특종】영의정 출신 이항복, 충격 자백

"과거에 떨어져 기재생으로 성균관 입학!"

조선 최고의 성리학자 이황이 과거 시험에 세 번 떨어진 적이 있다고 고백해 충격이 가시지 않고 있는 가운데, 이번에는 임진왜란이라는 엄청난 국난을 극복하는 데 큰 공을 세운 일등 공신이자 조선 최고의 관직인 영의정까지 지낸 이항복이 과거에 관한 어두운 과거를 자백해 조선 사회에 다시 한 번 큰 충격을 주고 있습니다.

'이제는 말할 수 있다.'라고 하며 알파봇 기자와 만난 이항복 대감은 "젊은 시절, 소과의 초시에는 합격했지만 복시에서 떨어지는 바람에 그만 성균관에 입학할 자격을 얻지 못했다. 하지만 성균관에 꼭 들어가고 싶었던 나머지, 특별 전형을 통해 비정규 학생으로 성균관에 입학해 공부했다."고 털어놨습니다.

어려서 신동 소리를 들었고 훗날 영의정까지 지낸 이항복이 예비 시험인 소과의 복시를 통과하지 못했다는 것도 놀라운 일이지만, 특례 입학을 통해 성균관에 입학했다는 사실은 세간의 논란을 크게 불러일으켰습니다!

하지만 조사 결과, 이항복이 성균관에 특례 입학한 건 그리 이상한 일이 아니었습니다. 소과에 합격한 사람만 성균관에 입학할 수 있는 건 아니었기 때문입니다. 그 당시는 한양에 있는 국립 중등 학교인 사부 학당에서 시험에 통과한 학생이나 대신들의 자제가 성균관에 입학하는 일이 왕왕 있었다고 합니다.

우여곡절 끝에 성균관에 입학한 이항복은 오 년 동안 열심히 공부해, 성균관에서 보는 과거 시험인 알성시에서 보란 듯이 급제한 뒤 관직에 진출했다고 합니다.

○─○ **이항복은 누구?**

조선 전기의 정치가. 〈오성과 한음〉으로 무용담을 뽐낸 오성이 이항복이고, 한음이 이덕형이다. 임진왜란 극복에 큰 공을 세워 공신이 되었다. 임금의 비서실장인 동부 승지, 이조 판서, 병조 판서 등 요직을 고루 거쳤고, 나중에는 영의정까지 지냈다. 당파에 휩쓸리지 않고 중립적인 입장을 지켜 두루 존경을 받았다. 임진왜란 때 도원수를 지낸 권율 장군의 사위이기도 하다.

과거의 '과거' 제도는
지금의 '대학 수학 능력 시험'일까?
··· 조선의 과거 제도와 관리 채용 ···

> 삼 년에 한 번 시험을 보는데 [중략] 영영 등용되지 못할 죄를 범한 자, 탐
> 관오리의 자손 등에게는 문과와 생원진사시에 응시하는 것을 허락하지 않
> 는다. _《경국대전》

유교를 국가의 통치 이념으로 삼은 조선은 유교 경전을 익힌 유능한 인
재를 등용하는 수단으로 과거 제도를 중요하게 여겼다. 나라를 세우자마
자 만든 법전인 《경국대전》에서도 과거 제도에 대해 세세한 사항까지 엄
격하게 규정하고 있다.

과거 시험은 기본적으로 삼 년마다 한 번씩 열렸는데, 중간중간 특별 시
험이 있어서 실제로는 더 자주 치러졌다. 왕자의 탄생이나 왕의 회갑 등
나라에 경사가 있을 때 주로 열리는 특별 시험은 준비 기간이 짧은 관계로
먼 지방에 거주하는 사람들은 참여할 수 없었다. 그래서 한양과 경기도에
사는 과거 응시자들에게만 주어지는 특혜처럼 여겨지기도 했다.

앞에서 살펴봤듯이 양인 이상이면 누구나 과거 시험에 응시할 수 있었
지만 실제로는 거의 응시하지 못했다. 또, 천인이나 여성은 응시 자격 자

체가 아예 없었다. 천인은 과거 응시자의 증조할아버지와 외할아버지까지 꼼꼼히 살펴 천인 혈통이 없는지 확인해서 철저히 배제했다고 한다.

이렇게 인구의 절반 이상이 과거에 응시할 수 없었음에도 불구하고, 관직에 진출할 수 있는 방법이 '과거' 하나밖에 없었기에 경쟁은 매우 치열한 편이었다.

조선의 과거 시험 vs. 현대의 시험

과거 제도를 우리 시대와 비교해 본다면 어느 시험과 가장 비슷할까? 규모로 따지면 전국에서 사오십만 명의 고등학생이 동시에 치르는 '대학 수학 능력 시험'과 견줄 수 있다. 매년 오천 명 안팎의 인원을 선발하는 데 경쟁률이 평균 40:1에 이르는 '9급 공무원 임용 시험'과 비슷하기도 하다.

물론 과거와 현대를 온전히 비교하기란 쉽지 않지만, 나랏일을 도맡을 관리를 뽑는 시험이라는 점에서 조선시대 과거 제도는 현대의 '공무원 시험'과 가장 비슷하지 않을까 싶다.

과거 시험에서 급제한 서른세 명의 급제자가 종9품 관리부터 시작해

소과에 응시한 수험생들이 시험을 보는 장면. 생각보다 자유로워(?) 보인다. ⓒ국립중앙박물관

2018년에 세종시에서 실시한 7급 공무원 임용 시험장 모습. 당시 경쟁률 58 대 1을 기록했다. ©연합뉴스

서 정1품 재상 자리에 오르듯, 공무원 임용 시험에 합격한 합격자 역시 9급 공무원에서 시작해 1급까지 오르게 된다는 점에서 더욱 그렇다.

조선 시대에 관직에 오른 사람들이 누구나 재상이 될 수 있었던 것이 아니듯, 지금도 모든 공무원이 1급까지 오를 수 있는 건 아니다. 재상이나 1급 공무원이나, 자리는 매우 적은데 지원하는 사람은 많다 보니 실제로 그 자리에 오르는 사람은 제한적일 수밖에 없는 것이다.

물론 7급 공무원, 또는 5급 공무원 임용 시험을 봐서 합격한 사람들은 더 높은 급수에서 공무원 생활을 시작하기도 한다. 조선 시대 서른세 명의 급제자 중에서 일등, 즉 장원 급제한 사람이 더 높은 품계인 종6품에서 관리 생활을 시작하는 것과 비슷하다고나 할까?

비슷한 점은 더 있다. 조선 시대에 종9품 관리로 시작해 당상관(정3품 이상으로 임금의 정책 결정에 직접 참여할 수 있는 관리)에 오르기 위해서는 순탄하게 관직 생활을 하더라도 평균 25년이라는 시간이 필요했다. 그렇다면 요즘에는 어떨까? 〈2018년 공무원 총 조사〉 보고서에 따르면, 공교롭게도 공무원 9급에서 5급으로 승진할 때 평균적으로 24년이 걸린다고 한다. 무지하게 오래 걸린다는 공통점이 있는 셈이다.

물론 다른 점을 찾아보자면 끝도 없다. 시험 보는 과목, 채점 기준, 시험을 통과한 합격자에 대한 대우……. 무려 오백 년이라는 시간 차이가 있기에 다른 점이 없다면 그것이 더 놀라울 터이다.

그중에서도 조선의 관료 제도와 오늘날 공무원 제도의 가장 큰 차이점이라면, 정부의 요직을 차지하는 고위 공무원(대통령을 포함한 장관, 시장, 도지사, 지방자치단체장 등등)을 국민이 직접 뽑거나 국민을 대신해서 국회의원들이 뽑는다는 사실이다.

이에 비해 조선 시대에는 임금과 몇몇 대신이 상의해 누구에게 주기로 결정하고 시행하면 그걸로 끝이었다. 유생들이 반발해 상소를 올리는 경우도 있었지만, 지금처럼 국민들이 직접 투표하는 것과는 의미가 자못 다르다.

임금이 백성들의 뜻을 헤아려 다스리던 '왕정' 시대와, 국민이 뜻을 모아 뽑은 대통령과 국회의원이 나라를 경영하는 '대의 민주주의'라는 시대의 사이에서 오는 차이점이라고 할 수 있겠다.

유럽, 시험으로 관리를 선발하다
··· 세계로 전파된 과거 제도 ···

오백 년 전에 평생 과거를 준비하며 살았던 조상들이나, 치열하게 여러 시험을 치러야 하는 지금의 청소년들이나, 처지가 별반 다르지 않은 것 같아서 안타깝다고?

역사적으로 과거 제도를 통해 인재를 선발했던 나라는 중국과 우리나라, 베트남 정도였다. 그중에서 과거 제도의 원조(?)라고 할 수 있는 중국의 경우, 다른 나라와 비교할 수 없을 정도로 경쟁이 치열했다. 기나긴 과거 시험의 역사도 그렇거니와, 인구가 워낙 많다 보니 급제하기가 보통 힘든 게 아니었다. 과거 제도가 꽃을 피웠다는 송나라(960~1279) 시절에는 응시자 삼천 명에 겨우 한 명 꼴로 급제자가 나올 정도였다고 한다.

과거 시험 급제하기 vs. 금수저 물고 태어나기

그럼 과거 제도가 없던 나라는 어떻게 관리를 뽑았을까? 대부분 혈연 관계로 이루어진 '귀족' 계층이 나랏일을 도맡았다. 좋게 말하면 봉사이고, 달리 말하면 독식을 했다고나 할까? 귀족이라는 신분은 자식에서 자식으로 계속해서 전해졌기에, 소수의 귀족 가문을 제외한 나머지 사람들이 나랏일에 참여할 수 있는 기회는 무척 드물었다.

말 그대로 '금수저를 물고' 태어나야만 관리가 될 수 있었던 셈이다. 치열하게 시험으로 인재를 뽑는 사회가 더 나을까, 아니면 핏줄로 성공이 좌우되는 사회가 더 나은 걸까?

사실 동아시아에서 발전한 과거 제도는 '올바른 정신'과 '높은 학식'을 지닌 관리를 뽑는다는 측면에서 세계적으로 큰 영향을 주었다. 민주주의가 가장 발달했다고 알려진 영국도 1855년에 처음 관리 선발 시험을 실시했는데, 중국의 과거 시험을 보고 영감을 얻어 영국의 동인도 회사에 파견할 관리를 시험으로 뽑았다고 한다. 그런데 결과가 매우 좋았다나? 관리 선발 시험은 곧 프랑스, 독일, 미국 등 여러 나라로 펴져 나갔고, 현재까지 이어지고 있다.

1801년, 세습으로 이루어진 영국 상원 의원들이 웨스트민스터 사원에 모여 논의를 하고 있다. 영국에서는 지금도 상원 의원이 세습제로 운영된다. ⓒ미국 메트로폴리탄미술관

과거 시험은 어디서 준비하나?

수고했어, 알파봇. 이황과 이항복의 사례만으로도 과거 시험이 얼마나 어려웠는지 느낌이 팍팍 와. 그럼 이제 양반들이 시험 대비를 어떻게 했는지 알아볼까?

대한민국에서 태어난 아이들은 유치원이나 어린이집을 다닌 다음, 초등학교에 입학한 뒤 중학교와 고등학교에 차례로 진학해 공부하는 게 일반적이야. 요즘은 대부분의 고등학생들이 학문을 더 갈고닦고(?) 싶어서 어떻게든 대학교에 들어가려고 안간힘을 쓰는 시대지.

조선 시대는 안 그랬을 것 같지? 천만에! 웬만히 먹고살 만한 집에서 태어난 아이들은 지금의 너희랑 크게 다르지 않은 삶을 살았어. 일단 초등학생 정도 나이가 되면 서당에 가서 훈장님한테 회초리로 종아리 맞아 가며 공부를 하다가, 중·고등학생 나이가 되면 사부 학당이나 향교에 들어가 학문을 깊이 파야 했지. 그러다 대학생 나이가 되면 (소과를 치르고) 성균관에 입학해 본격적으로 과거 시험(대과) 준비에 돌입했어.

초딩은 서당에서

양반 집안의 아들이 가장 먼저 글을 배우는 데가 어딜까? 서당? 땡! 아니, 할아버지의 사랑방이야! 어린 손주에게 할아버지는 첫 번째 선생님이었어. 네댓 살 무렵부터 할아버지에게 《천자문》을 배우기 시작하는 거지. 눈에 넣어도 아프지 않을 만큼 사랑스런 손주니까 얼마

현재	조선 시대
초등학교	서당
중·고등학교	사부 학당·향교
대학교	성균관

나 정성껏 가르쳤겠어? (이때를 유치원 시절쯤으로 쳐야 하나?)

　이렇게 집에서 《천자문》을 배우던 아이들이 초등학교에 갈 나이가 되면 서당에 입학하게 돼. 머리를 길게 땋은 사내아이들이 바글바글 모여 앉아서 큰 소리로 글을 읽는…….

　서당은 여덟 살을 전후에 입학해서 열다섯 살 정도까지 다니는데, 한자의 음과 뜻을 익히는 《천자문》과 사람이 지켜야 할 도리를 담은 《소학》을 가르쳤어.

　물론 서당에서 공부만 한 건 아니야. '승경도놀이'처럼 놀이를 가장한(?) 학습도 했어. 승경도놀이는 말판에 삼백여 개의 관직을 써 놓고

윷이나 알 등을 던져서 나오는 끗수에 따라 벼슬이 오르고 내리는 걸 겨루는 놀이야. 놀이를 통해 복잡한 관직 이름도 익히고, 어려운 글공부에 동기도 부여하고……. 그야말로 일석이조를 노린 셈이지.

집안이 가난해서 서당에 다닐 돈이 없거나 집에서 공부를 가르쳐 줄 사람이 없으면 어떡하냐고? 혼자 해야지, 뭐. 사실 앞에서 특종 기사로 만난 이황이 그랬어. 아버지가 일찍 돌아가시는 바람에 집안 형편이 몹시 어려웠거든. 별수 없이 혼자 공부하다가 열두 살 되어서 작은아버지에게《논어》를 배우기 시작했다고 해.

중·고딩은 사부 학당과 향교에서

서당을 졸업한 아이들(이제 청소년이라고 해야 하나?)이 다니는 곳은

과거 시험의 핵심, 사서오경

옛 성현들이 남긴 글을 엮은 경전인 '사서'와 유교의 사상과 교리를 써 놓은 경서인 '오경'을 일컫는 말. 유교의 기본적인 경전을 모아 놓은 것으로 공자와 맹자 등 성현들의 글인 《대학》《중용》《논어》《맹자》를 사서라 하고, 고대 중국의 역사적인 배경과 고사, 철학 등을 담고 있는 《시경》《서경》《역경》《예기》《춘추》를 오경이라고 부른다. 왕이 어떤 정치를 펼쳐야 하는지 등의 정치 철학을 다루면서, 동시에 '인의예지(仁義禮智)'라는 인류의 보편적 가치에 대해 이야기하고 있다.

한양에 사느냐 지방에 사느냐에 따라 달랐어. 한양에서는 사부 학당, 지방에서는 향교에 진학했거든. 둘 다 국립 중·고등 교육 기관인데, 성균관 부속 중등 학교라고 보면 돼. 사부 학당은 한양의 동서남북 네 곳에 있어서 사학(四學)이라고도 불렀다는…….

지방에 사는 학생들은 향교에서 공부를 했어. 향교는 공자의 제사를 지내고 유생들이 공부도 하는 곳이야. 혹시 교동이니, 명륜동이니 하는 지명을 들어 봤니? 옛날에 향교가 있던 동네들이지. 지방마다 같은 이름을 쓰는 동네가 꼭 있는 걸 보면 그때도 학구열이 어마어마했던 모양이야.

사부 학당이나 향교에서는 서당보다 더 높은 수준의 교재로 학생들을 가르쳤어. '사서오경'이란 말 들어 봤지? 유교의 기본적인 경전과 고대 중국의 문학·역사·철학책 등을 합해서 부르는 말이야. 이런 책으로 수업을 했지.

과거 시험 과목 중에 사서오경의 한 대목을 읽고 해석하는 게 있어서 이 책들을 모조리 외워야만 했거든.

참, 사부 학당이나 향교에 다니는 학생들은 학비를 내지 않았어. 이미 그때 무상 교육과 무상 급식이 실시되었던 셈이지.

대학생·대학원생은 서원과 성균관에서

지금의 대학생 정도 나이가 되면 지방에 사는 선비들은 서원에서 과거 시험을 준비했어. 서원이라는 말도 어디선가 들어 봤지? 서원에서도 향교처럼 공자를 비롯해 뛰어난 유학자들의 제사를 지냈어. 대

표적으로는 퇴계 이황이 안동에 세운 도산 서원을 들 수 있지.

지방에 서원이 있다면 서울에는 성균관이 있어. 성균관에는 소과 시험에 합격한 생원과 진사들뿐 아니라, 이항복처럼 비정규 학생 신분으로 입학해 공부하는 사람도 있었어. 또 사부 학당에서 공부한 학생들 중에서 성적이 우수하거나 현직 관리 중에서 공부를 더 하고 싶어 하는 사람도 입학했다고 해.

그런데 성균관에서는 어떤 방식으로 공부를 했을까? 노트북이나 스마트폰은 고사하고, 공책이나 볼펜, 칠판도 없던 시절인데……. 다 같이 슬쩍 엿보도록 할까?

마침 내가 성균관 유생 중 한 명이 남긴 일기를 발견했거든. 일기의 주인공은 바로 내 18대 할아버지인 명료한 선비야! 오호, 그렇담 내가 조선 시대에 태어났으면 양반이었을 확률이 높다는 소리?!

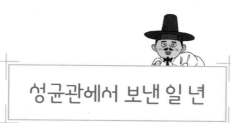

1577년 4월 : 밥을 먹어야 시험 볼 자격이 생긴다고?

북소리에 잠에서 깼다. 자리에서 일어나 세수를 한 뒤 식당에서 아침을 먹었다. 식당에 들어가기 전에 유생들의 출석부인 '도기'에 서명을 했다. 이제 겨우 원점 30점이다.

원점은 출석 점수를 말하는데, 성균관에서 아침과 저녁을 모두 먹어야 1점을 얻는다. 원점 300점을 채우기 위해선 거의 일 년 내내 성균관 식당에서 밥을 먹어야 한다. 원점 300점을 채워야 '관시(성균관 유생만 참여하는 문과의 초시)'를 볼 수 있는 자격이 주어지기 때문이다. 다른 사람들은 소과에 합격하고 초시를 치르려면 꼬박 삼 년을 기다

←출석부

려야 하는데, 성균관에서는 원점을 채우기 위해 밥만 따박따박 잘 먹으면 채 일 년이 안 되어 응시 자격이 생기는 셈이다. 사실, 엄청난 특혜가 아닐 수 없다.

밥을 다 먹은 뒤에는 명륜당(강의실)으로 발걸음을 총총총 옮겼다. 북소리가 두 번 울리면 수업이 시작되었다. 학관(선생님)은 늘 유생들과 전날 배운 내용에 대해 간단히 묻고 답하는 구술 시험으로 수업을 시작한다. 하필이면 오늘은 나한테 질문을 던졌다.

"맹자께서 말씀하신 '인'이란 무엇이냐?"

"측은지심을 말합니다."

"측은지심이란 무엇이냐?"

"우물에 빠지는 아이를 보고 불쌍히 여겨 차마 그냥 지나치지 못하고 구하려는 마음입니다. 하옵고 어쩌고저쩌고…….."

성균관에 입학하기 전부터 마르고 닳도록 읽고 외운 내용이지만 《맹자》는 공부를 할 때마다 여전히 어려웠다. 나는 이렇게 고리타분한 유교 경전을 달달 외우는 것보다 시나 문장을 짓는 게 훨씬 더 재미난데…….. 그래서 과거 시험도 유교 경전을 해석하는 생원시가 아니라 문장을 짓는 진사시를 보았건만.

1577년 6월 : 공부 지옥, 이게 사는 거냐!

성균관에 입학한 게 엊그제 같은데 벌써 백 일이 지났다. 아침에 일어나 밥 먹고 공부하고, 다시 공부하다 밥 먹고, 때맞춰 시험 보느라 시간이 어떻게 흘러가는지도 모르겠다. 시험도 가지가지다. 수업 시작할 때 보는 구술 시험, 열흘에 한 번씩 보는 시험, 한 달에 한 번 치르는 시험……. 어떤 때는 임금님께서 직접 과제를 내 주시기도 한다.

시험 볼 때마다 대통–통–약통–조통–불통, 이런 식으로 평가를 받는다. 대통은 최고점이고, 불통은 낙제점이다. 그런데 며칠 전 《논어》 해석에서 불통을 받아 이만저만 걱정이 아니다. 더 열심히 공부해서 어떻게든 만회를 하는 수밖에.

어쨌든 시험을 잘 봐서 점수를 기가 막히게 받으면 바로 대과 응시 자격을 주기도 하고, 대과를 볼 때 점수에 반영하기도 하고, 관리로

특별 채용되기도 한다. 그러니 유생들 입장에서는 이런저런 기회를 잡기 위해 눈에 불을 켜고 공부를 하는 것이다.

그야말로 공부 지옥이 따로 없다.

1577년 9월 : 수업 거부, 언론의 자유를 보장하라!

성균관 안에는 공자의 위패를 모시는 대성전이 있고, 강의를 하는 명륜당, 도서관인 존경각, 그리고 기숙사인 동재와 서재가 있다. 나는 동재에서 생활한다. 한 방에 네 명이서 생활하는데, 방이 넓지 않아서 여간 불편한 게 아니다.

그래서 돈 좀 있는 집 자식들은 기숙사에서 생활을 하지 않고 성균 관 밖에서 방을 얻어 지낸다. 나도 그러고 싶은 마음이 굴뚝같지만 집 안 형편이 넉넉지 않으니…….

오늘 낮에 유생 하나가 임금님이 정치를 똑바로 하지 못한다고 비 판했다가 퇴학 처분을 받았다. 그 바람에 '재회'가 발칵 뒤집혔다. 재 회는 학생들이 모여서 여러 가지 문제를 의논하고 해결하는 자치 기 구이다. 우리는 재회의 대표인 '장의'를 앞세운 채 궁궐로 몰려갔다. 다 같이 궁궐 문 앞에 엎드려 퇴학 처분을 철회해 달라고 호소했다. 하지만 한참이 지나도 조정에서는 별 반응이 없었다.

유생들은 자신들의 뜻이 관철될 때까지 일치단결하여 수업을 거부 하기로 결의했다. 그래도 먹히지 않으면 성균관을 박차고 나가 거리

를 행진하며 시위라도 해야겠지.

"조정은 언론의 자유를 보장하라! 보장하라!"

1577년 11월 : 나들이는 언제나 즐거워!

기쁜 일이 연달아 있었다. 우리가 일치단결해 투쟁한 덕분에 퇴학 당할 뻔했던 유생이 구제되었다. 그보다 더 기쁜 일은 지난달에 치러 진 대과의 1차 시험인 초시에 당당히 합격했다는 것!

오늘은 기분도 최고인 데다가 한 달에 두 번(8일과 23일) 있는 휴일이어서, 기숙사 동무들과 콧바람을 쐬러 반촌으로 나들이를 갔다. 휴일이면 대개 유생들은 밖에 나가 빨래를 하거나 부모님께 인사를 드리러 간다. 하지만 나는 집이 한양에서 한참 먼 시골에 있어서 반촌에서 노닥거리며 즐거운 한때를 보냈다.

반촌은 성균관 동쪽에 있는 마을이다. 반촌에는 성균관에 소속된 노비들이 사는데, 평소에는 장사를 하거나 농사를 짓는 등 돈벌이를 하다가 순번대로 성균관에 들어와 유생들의 시중을 들었다.

우리는 우리 방 재지기의 어미가 연 주막에 가서 국밥을 먹었다. 재지기는 성균관에서 유생의 심부름을 해 주는 어린 노비이다. 아이가 제법 똘똘해서 귀여워해 주었더니, 엊그제 나보고 자기네 주막에 오면 떡을 챙겨 주겠다나 뭐라나.

밥과 떡을 먹으면서 모처럼 약주도 한잔했다. 오랜만에 술을 마셔서 그런지 금세 알딸딸해졌다. 식사를 마친 뒤에는 장기와 바둑을 두며 여흥을 즐겼다.

반촌은 참 특이한 곳이다. 죄를 지은 사람이 도망을 와도 포졸들이 함부로 잡으러 들어오지 못한다. 공자님의 위패를 모신 성균관을 신성시하는 것처럼, 성균관 유생들의 시중을 드는 사람들이 모여 사는 곳이기에 함부로 건드리지 못하는 것이다.

또, 농사짓는 데 매우 유용한 소를 먹기 위해서 잡는 건 조선 팔도 어딜 가나 법으로 금지되어 있지만, 반촌에서만큼은 가능했기에 유생들은 가끔씩 소고기 반찬을 먹었다. 답답한 기숙사 생활이 싫은 유생들은 반촌에서 하숙을 하기도 했고, 과거 시험을 치르기 위해 지방에서 온 선비들이 숙박을 하기도 했다.

주막에 떡집에 문방구에 옷가게에, 없는 것 빼고 다 있는 반촌은 말그대로 성균관 유생들의 숨통을 틔워 주고 멋과 낭만이 살아 숨 쉬는 대학촌이나 다름없다.

과거 시험 보러 가는 길

성균관 유생들의 생활을 엿보니, 어째 오백 년 동안 변한 게 별로 없는 것 같지? 예나 지금이나 공부하느라 힘든 건 마찬가진가 봐. 사실 양명이한테 장원 급제 못 할 거라고 얘기하려 했는데, 막상 비교해 보니 그때나 지금이나 힘든 건 매한가지란 말이지.

자, 그럼 이제 과거 시험장으로 가 볼까? 일기의 주인공 멍 선비, 아니 멍 선비님, 그러니까 우리 할아버지의 아버지의 아버지의 할아버지……. 아무튼 그분이 칠전팔기 과거 시험 도전기를 들려주실 거야.

할아버지, 여기예요, 여기!

칠전팔기, 멍 선비 납신다

흠흠, 할아비다. 네가 불러서 나오긴 했다만, 넌 어찌 버르장머리 없이 내 일기를 함부로 공개하고 그러느냐? 사생활 보호도 몰라? 그건 그렇고, 내 과거 시험 도전기를 들려 달라고?

할아비는 과거 시험을 준비하는 동안 일곱 번이나 떨어져서 딱히 자랑할 게 없다만……. 정기 시험인 소과와 대과에 부정기 시험인 별시까지, 다시 생각해도 참 끔찍한 시간이들이구나.

그래, 네가 사는 세상에서는 시험에서 좀 해방됐니? 뭐? 학교 수업도 모자라 학원에 과외에 잠잘 시간도 부족하다고? 쯧쯧, 애들 다 잡겠네그려.

일단 할아비가 과거 시험 보러 한양에 가던 이야기부터 시작해 보자꾸나.

이번엔 어느 길로 가야 합격하려나?

1582년 임오년 춘삼월, 이른 아침 부모님께 큰절을 하고 사립문을 나섰어. 마을 어귀에 이르러 천하 대장군과 지하 여장군에게 고개 숙여 인사를 하고 걸음을 재촉하려는데, 저 멀리서 박 진사가 걸어오는 게 아닌가? 박 진사는 이번에 나와 같이 과거 시험을 보러 가는 선비인데, 이번이 열 번째 도전이라나 뭐라나.

박 진사가 나를 보더니 반갑게 인사를 건넸어.

"어이, 멍 선비! 반갑구먼, 반가워."

짐짓 너스레를 떠는 박 진사가 하나도 안 웃겨서 못 본 체하려다, 보름 넘게 동행할 처지인지라 악수를 청했지. 그런데 마을을 벗어나 한양으로 향하는데, 박 진사가 대뜸 내 소매를 잡아끌지 뭐야?

"이보게, 멍 선비! 이번엔 저쪽 경상도로 돌아가세."

"아니, 그게 무슨 소린가? 전라도 전주에서 한양을 가려면 논산과 공주를 거쳐 가야지, 왜 경상도로 빙 둘러 간단 말인가?"

박 진사는 모르는 소리 하지 말라며 두 눈을 부릅뜨고 대꾸했어.

"이번엔 꼭 문경새재를 넘어가야 하네. 수많은 선비들이 과거 시험을 보러 갈 때 문경새재를 넘어 한양으로 가는 거 모르나? 추풍령은 '추풍'낙엽처럼 떨어진다고 해서 피하고, 죽령은 시험에서 '죽죽' 미끄러진대서 피한다네. 문경새재의 '문경'이 기쁜 소식을 듣는 고개라 해서 다들 그리로 넘어가는 걸세. 멍 선비 자네도 이번엔 기쁜 소식을 들어야 할 게 아닌가?"

아이고, 어이없어라.

"아니, 소위 유학을 공부한다는 선비가 그따위 미신을 따라서야 쓰겠나?"

"허허, 이 멍청한 멍 선비 같으니라고. 그래서 자네가 아직 급제를 못한 걸세. 이번엔 나를 믿고 따라오게."

박 진사는 이렇게 말하고는 앞장서서 문경새재 방향으로 걸어갔어. 나는 못 이기는 척 그 뒤를 따라갔지. 과거 시험에 급제해 가문을 일

으켜 세우길 바라는 부모님을 생각하니, 마뜩지 않은 미신에라도 기대고 싶은 마음이 굴뚝같지 뭐야.

휘적휘적, 문경새재를 넘다

이번에는 짐을 확 줄였어. 예전엔 먹을 거, 입을 거, 공부할 거, 바리

바리 싸 들고 가다가 시험 하루 전날 도착하는 바람에 너무 힘들어서 체력이 바닥났거든. 그래서 이번엔 중요한 물건만 괴나리봇짐에 챙겨 넣었지. 시험 볼 때 필요한 벼루와 먹, 붓, 비상 약품, 말린 고기, 기출 문제집……. 이것만 넣어도 무게가 만만치 않아.

박 진사와 이런저런 이야기를 주고받으며 걷다 보니, 어느새 문경 새재 입구에 도착했어. 우리는 고개 기슭의 주막에서 하룻밤 묵기로 했지. 괴나리 봇짐을 내려놓고 저녁상을 받았는데, 내가 좋아하는 낙지 젓갈이 반찬으로 나왔지 뭐야! 하도 반가워서 젓가락으로 낙지를 냉큼 집어 들고 박 진사에게 선심 쓰듯 말을 걸었지.

"자네도 이 낙……."

내가 채 말을 끝내기도 전에 박 진사가 씻지도 않은 더러운 손으로 황급히 내 입을 가로막았어.

"멍 선비, 그 입 멈추게. 이것은 입지일세, 입지."

"그건 또 무슨 해괴한 소린가?"

"과거 시험 보러 가는 중이 아닌가? 첫 글자를 '설 립(立)'으로 바꿔 불러야지."

하, 이 양반이 진짜! 요즘 애들이나 시험 보기 전에 미역국 안 먹는 줄 알았더니만. 그래도 나는 좋은 게 좋은 거라고 허허 웃음으로 받으며 낙지 젓갈을 맛있게 먹었어.

다음 날 아침, 우리는 주막에서 나와 문경새재를 넘기 시작했어. 새도 넘기 힘들 만큼 고갯길이 높아서 '새재'라고 부른다지? 연방 숨을 헐떡이며 힘겹게 고갯길을 걸어갔어. 근데 고개를 오르다 보니, 길가에 돌무더기가 드문드문 보이는 거야. 저건 또 뭐지?

"멍 선비, 자네는 참 아는 게 없구먼. 과거 시험 보러 가는 선비들이 돌을 하나씩 얹어 놓은 다음, 장원 급제하게 해 달라고 빌고 간다는 '책 바위'도 모르나?"

박 진사의 핀잔을 들으면서 나도 돌을 하나 집어 돌무더기 꼭대기에 얹으며 마음속으로 간절히 빌었어.

'천지신명이시여, 이번 과거 시험에는 '엿'같이 쩍 붙어서 가여운 마누라 고생 그만 시키고 가문을 일으켜 세우게 해 주세요. 듣고 있는 거죠? 제발요, 네?'

내가 너무 찌질했나? 아무튼 박 진사와 길을 걷는 동안에도 시험에 나올 법한 예상 문제를 서로 묻고 답하며 철저하게 복습을 했어. 사서오경 중에서 중요한 내용을 요약·발췌해서 만든 초집도 한 번 더 외우고, 기출 문제도 꼼꼼하게 다시 풀면서 아주 열심히 공부했지.

문경새재를 출발한 지 보름 만에 드디어 한양에 도착했어. 우리는 반촌에다 방을 잡았지. 문경새재로 돌아오느라 예상보다 시간이 더 걸렸지만, 며칠 일찍 출발한 덕에 다행히 시험 보기 사흘 전에 다다랐어.

막상 반촌에 오니, 성균관에서 치열하게 공부하던 시절이 새록새록 떠오르지 뭐야. 그땐 단번에 급제할 줄 알았건만……

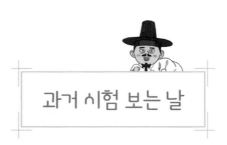

과거 시험 보는 날

　두근두근, 드디어 시험 보기 하루 전이야. 나는 박 진사와 함께 서둘러 주막을 나섰어. 녹명소에 가서 응시 원서를 접수하기 위해서야. 내 18대 후손인 멍 박사한테 들으니 요즘은 다 인터넷인지 거시기인지가 접수해 준다며? 거참, 뉘 집 자식인지 그 많은 걸 들고 한양까지 뛰어가려면 힘 좀 들겠다.

　반촌에서 육조 거리까지 그리 멀지 않아서 녹명소가 설치된 예조에 금세 당도했어. 나는 이름과 본관, 주소, 아버지와 할아버지 이름 등을 적은 응시 원서와 정6품 관리가 작성해 준 신원 보증서를 녹명소에 접수했어. 참, '녹명'이란 말 그대로 접수장에 이름을 기록한다는 뜻이야.

그때 갑자기 녹명소 관리가 내게 《경국대전》의 한 구절을 읊어 보라고 하지 뭐야? 《경국대전》을 줄줄줄 읊어 나가자, 관리가 내 이름을 녹명책에 적고 시험 장소를 지정해 줬어. 이야, 성균관이네! 나에게는 무척 익숙한 장소야. 뭔가 좋은 예감이 들어.

결전의 날, 성균관으로 출발!

마침내 시험 보는 날! 너무 긴장이 되어서 그런지 간밤에 잠을 엄청 설쳤지 뭐야. 자는 둥 마는 둥 뒤척이다 일어나서 서둘러 주막을 나섰지. 춘삼월의 은은한 새벽바람을 맞으며 여유롭게 성균관 입구에 도착했어.

"전주 유생, 명료한!"

내 이름을 부르는 소리를 듣고 시험장에 들어가려는 순간, 시관(과거 시험 업무를 도맡은 관리)이 대뜸 나를 멈춰 세우고 몸을 살살이 수색했어. 혹시라도 책을 가지고 들어가지 않는지 검사하는 거야.

시관에게 돗자리와 답안지, 먹, 벼루를 보여 주고 시험장으로 막 들어가려 할 때였어. 뭔가 허전한 기분이 들어서 짐을 살펴보았는데……. 아뿔싸, 붓을 안 가지고 왔지 뭐야! 하필이면 이 중요한 때에 깜빡증이 도지다니. 순간, 머릿속이 멍~해졌지.

"이보시오, 시관. 내가 붓을 깜빡하고 안 가져왔지 뭐요. 숙소에 갔

다 와도 되겠소?"

"참으로 딱한 선비시오. 거, 전장에 나선 장수가 칼을 안 가져온 거
나 마찬가지 아니오? 쯧쯧, 어서 다녀오시오."

나는 부리나케 주막으로 달려가 붓을 챙겨서 돌아왔어. 성균관에서
반촌이 엎어지면 코 닿을 정도로 가깝기에 망정이지, 하마터면 십 년
공부 도로아미타불이 될 뻔했지 뭐야.

드디어 실전이다

바야흐로 시험장에 들어서자 시관이 전후좌우에 앉은 사람과 여섯

자(약 180센티미터) 떨어진 곳에 자리를 지정해 주었어. 나는 돗자리를 펴고 앉아 준비해 간 답안지 위쪽에 이름, 본관, 주소, 아버지와 할아버지, 증조할아버지, 외할아버지 등의 인적 사항을 적은 다음 그 부분을 풀로 붙였어. 이렇게 하는 것을 '봉미'라고 해.

채점자가 응시생의 이름을 보고 합격시키는 걸 막기 위해 인적 사항이 보이지 않도록 가리는 거지. 권세 높고 돈 많은 양반이 자기 자제를 합격시켜 달라고 채점자에게 몰래 부탁할 수도 있으니까.

조정에서는 과거 시험장에서 일어날 수 있는 부정행위를 막기 위해 철저하게 감시했어. 응시자가 답안지를 제출하면 서리들이 먼저 '역서'를 해. 역서는 제출한 답안지를 다른 종이에 옮겨 적는 거야. 채점자들이 누구 글씨인지 모르게 만드는 거지.

또, 다른 사람이 대신 시험을 보거나, 자기가 쓴 답안을 남이 쓴 답안과 바꿔치기해서 제출하는 것도 철저히 감시했어. 만약 부정행위를 하다가 적발되면 곤장을 맞고 군대에 끌려가야 해. 또, 봉미를 뜯어 보고 채점하는 관리도 엄한 벌을 받았지.

두두둥, 드디어 시험 문제가 게시판에 걸렸어.

인간의 본성은 선한가, 악한가?

맙소사, 이렇게 어려운 문제를 내다니! 수천 년 동안 맹자니 순자니 하는 이름난 사상가들도 풀지 못해서 끙끙 앓아 온 문제를 내다니. 시제를 보고 당황한 나머지, 너무 오랫동안 무릎을 꿇고 있었나 봐. 갑자기 소변이 마렵지 뭐야? 나는 관리에게 증명서를 보여 준 다음 밖에 나가 용변을 보고 들어왔지.

이제 슬슬 답을 써야겠다고 생각하는데, 때마침 죽과 술이 들어오네? 시험 보다가 출출할까 봐, 또 긴장을 풀라는 뜻으로 임금께서 내려주신 거야. 나는 죽 한 사발을 후루룩 마시고 나서 답을 써 내려가기 시작했어.

답을 쓸 때 유의해야 할 사항이 뭐였더라? 불교나 도교 등 성리학 이외의 사상이나 이론을 거론하면 안 되고, 왕의 이름을 거론해서도 안 되고…….

북소리와 함께 답안을 제출하다

"둥 둥 둥!"

앗, 저 소리는? 시간이 얼마 남지 않았다는 걸 알리는 북소리야. 나는 서둘러 답을 마무리하고 나서, 답안지가 쌓여 있는 단(수권소) 위에 올려놓았어. 지난번 시험 때는 마감 시간이 다 되어서 답안지를 제출했는데, 아무래도 너무 늦게 낸 게 아닌가 싶어서 내내 찝찝한 느낌이 들었거든. 그래서 이번에는 조금 일찍 답안지를 제출했지.

마감을 알리는 신호가 울린 뒤에 제출하면 낙방으로 처리되기 때문에, 마감 직전에는 서로 먼저 답안지를 내겠다고 몰려들어서 난리가 나게 돼.

시험이 끝나면 관리들이 답안지를 백 장씩 묶어서 채점을 하지. 뭐, 아쉬움이 전혀 없는 건 아니지만 어차피 답안지를 내고 난 뒤니까……. 나는 애써 미련을 툴툴 털고 주막으로 발길을 돌렸어.

내일이면 급제자를 알리는 방이 붙을 거야. 오늘 과거 시험을 본 이백사십 명 가운데 단 서른세 명만이 과거 급제의 영광을 누리게 되는 거지. 아, 내일까지 어떻게 기다린단 말인가……. 이번에는 반드시 급제해서 늙으신 부모님을 기쁘게 해 드려야 할 텐데.

1580년대, 조선에는 무슨 일이 있었나?
··· 조선 시대 전·후기의 전환점 ···

명 선비가 과거 시험에 응시한 1582년은 조선의 제14대 임금인 선조가 왕위에 오른 지 십오 년째 되던 해다. 그러니까 이성계가 조선을 건국하고 약 이백 여 년이 흐른 셈이다.

이 무렵 조선은 정치적으로 큰일을 겪는다. 선조가 즉위하면서 사림파(김종직, 조광조 등을 중심으로 산림에 묻혀 성리학 연구에 몰두하던 선비들의 한 파)가 제7대 임금 세조의 집권을 도운 공으로 오랜 시간 권력을 누리던 훈구파를 몰아낸 것이다. 그로부터 채 십 년이 지나지 않은 1575년, 정권을 장악한 사림파가 동인과 서인 둘로 갈라져 협동과 반목을 거듭하는 '붕당 정치'가 시작된다.

동인은 퇴계 이황의 학문을 뿌리로 여겼고, 서인은 율곡 이이의 학풍을 따랐다. 말하자면 정치 철학이 다른 두 집단으로 나뉜 셈이다. 아이러니하게도 동인과 서인의 학문적 뿌리라고 할 수 있는 이황과 이이는 붕당 정치와 전혀 관련이 없다는 사실!

이황은 동인과 서인으로 갈라지기 전에 이미 세상을 떠났고, 이이는 죽을 때까지 한사코 붕당 정치를 반대했다고 하니……, 당사자들로서는 자못 황당한 일이었으리라.

전쟁에 불을 붙인 붕당 정치

붕당 정치 그 자체만으로는 딱히 나쁘다고 단정짓기 어렵다. 제대로만 한다면 '견제와 균형'의 발판이 될 수 있기 때문이다. 하지만 붕당 정치는 이후 견제와 균형보다는 분열의 아이콘으로 자리 잡았다. 관료와 지식인들이 어느 한쪽을 지지하며 대를 이어 대립하는 양상을 보였던 것이다. 심지어 먼 훗날 동인은 남인과 북인으로, 서인은 노론과 소론으로 쪼개지는 상황이 벌어지기까지 한다.

그러는 사이, 일본에서는 도요토미 히데요시가 전국 시대의 혼란을 수습하고 나라를 통일했다. 도요토미는 이에 그치지 않고 무사들을 모아 조선과 중국을 침략해 대륙으로 진출하려는 야욕을 불태웠다.

1590년, 수상한 조짐을 느낀 선조는 통신사를 일본에 파견했다. 이때 통신사로 파견된 황윤길은 서인이었고 김성일은 동인이었다. 문제는 이들

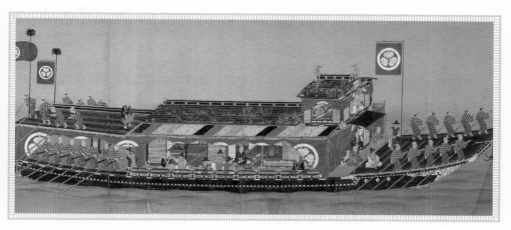

왕의 국서를 들고 오사카 근처를 지나는 조선 통신사의 모습을 그린 〈국서누선도〉. 일본 화가의 그림으로 추정된다(연대 미상). ⓒ국립중앙박물관

이 일본에 다녀와서 보고한 내용이 판이하게 달랐다는 것이다.

황윤길은 일본이 전쟁을 일으킬 기미를 보였다고 했지만, 김성일은 그런 정황을 전혀 느끼지 못했다고 보고했던 것! 당파가 다르다는 이유로 같은 것을 보고 다르게 말했던 셈이다. 그렇게 해서 조선은 일본의 침략 가능성을 무시해 버렸고, 얼마 뒤 임진왜란이 일어난다.

조선 시대를 가르는 전환점, 임진왜란

이순신 장군의 활약, 의병의 분투, 명나라의 참전 등으로 승리를 하긴 했지만, 칠 년 동안 전쟁터로 전락한 조선의 피해는 헤아릴 수 없을 정도였다. 수많은 사람이 죽고 포로로 끌려갔으며, 전쟁터가 된 국토는 황폐해질 대로 황폐해졌다.

조선을 돕기 위해 참전했던 명나라도 피해가 막심했다. 수만 명의 병사가 목숨을 잃었을 뿐 아니라, 그사이에 성장한 만주족이 후금을 세우고서 명나라와 조선을 위협했다. 이는 훗날 정묘호란(1627)과 병자호란(1636)으로 이어져 조선을 또다시 전쟁의 도가니 속으로 몰아넣었다.

연이은 전쟁으로 조선은 커다란 위기에 처했다. 정치적·사회적으로 변화를 꾀하지 않을 수 없었다. 우선 통치 구조에 변화가 생겼다. 정승들이 모여 나랏일을 결정하던 의정부 대신, 전쟁 중에 설치된 비변사가 군사·행정·인사 등 전반적인 업무를 담당하게 되었다.

농촌에서는 망가진 농지와 부족한 일손을 극복하기 위해 모내기를 도입했다. 또, 각 지방의 특산물을 구해 바치던 공납을 쌀로 납부하는 대동법이 시행되었다. 시장에서는 상평통보 등 화폐가 쓰이기 시작하면서 상업이 제법 활기를 띠게 되었다.

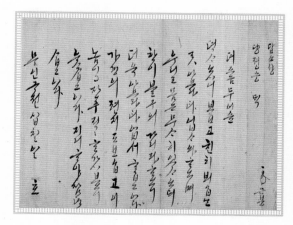

병자호란을 겪었던 인조에 이어 왕위에 오른 제17대 임금 효종의 한글 편지. 청나라에 볼모로 가 있던 효종은 조선으로 귀국하자마자 청나라에 복수하기 위해 북벌 정책을 추진한다. 동시에 대동법을 시행하고 상평통보를 유통시키며 경제적 안정을 꾀한다. ©국립중앙박물관

전쟁은 이것 말고도 여러 변화를 불러왔다. 바로 영원히 견고할 것 같았던 조선의 신분 제도가 흔들리기 시작한 것이다. 갑자기 부자가 된 농민이나 상인은 양반 신분을 돈으로 샀고, 몰락한 양반은 남의 땅을 빌려 농사지으며 궁핍한 생활을 했다. 게다가 만주족이 세운 청나라를 통해 천주교 등 서양 학문이 들어오면서 조선 사회에 조금씩 변화의 바람이 불어왔다. 이는 오래지 않아 실학자들이 북학 운동을 벌이는 발판으로 작용했다.

이렇듯 나라 전반에 걸쳐 커다란 변화가 일어난 까닭에, 임진왜란이 일어난 16세기 말에서 병자호란을 겪은 17세기 초반을 기준으로 조선 시대를 전기와 후기로 나눈다.

말하자면 명 선비가 과거 시험에 급제를 했을 당시는 국내의 불안한 정치 상황과 동아시아의 정세가 맞물리면서 최고로 급변하는 시기였다고 할 수 있다. 바야흐로 조선 시대가 후기로 접어드는 중요한 전환점을 맞이하던 때였던 셈이다.

잡과는 어떻게 전문직으로 바뀌었나?
··· 산업 혁명 이후, 세계의 모습 ···

조선 시대에는 성리학이 정치·경제·문화의 중심이었기에, 잡과는 무시당하는 경향이 있었다. 그렇지만 조선 초기만 해도 몇몇 과학적인 성과는 실로 대단한 수준이었다. 특히 그 당시 고유의 역법(달력을 만드는 계산법)을 만들 수 있었던 건, 당시 중국과 아라비아, 조선 세 나라만이 가능했을 정도다. 농업 국가다 보니 계절의 변화와 날씨 예측을 위해 역법이 발달했던 것이다.

하지만 조선 시대 전반에 걸쳐 글을 읽고 경전을 해석하는 능력이 가장 중시되었기에 사회적으로 큰 변화가 일어날 정도는 아니었다. 조선 후기에 실학파가 등장해 과학과 기술, 상업의 중요성을 주장했지만, 조금 늦은 감이 있었다. 그럼 그 당시 세계는 어떤 상황이었을까?

산업 혁명으로 시작된 기술 전성시대

1687년, 영국의 뉴턴은 만유인력의 법칙을 정리한 《자연 철학의 수학적 원리》라는 책을 출간한다. 뉴턴뿐만이 아니었다. 지동설을 주장한 갈릴레이, 종두법을 발견한 제너 등, 17세기에 들어서면서 유럽에서는 과학적

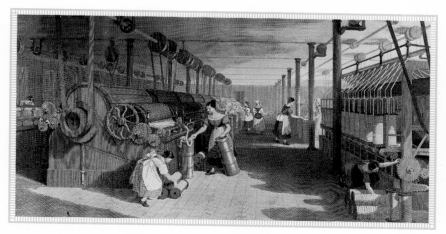

1835년, 영국의 면직물 공장의 모습. 1835년은 정조의 손자인 헌종이 왕위에 오른 다음 해였다.

발견과 발명이 잇따른다. 이를 가리켜 '과학 혁명'이라고 부른다.

그로부터 백여 년 뒤인 18세기 후반, 영국에서 '산업 혁명'이 일어난다. 과학이 발전하면서 증기 기관, 철도, 증기선 등이 개발되어 대량으로 물건을 생산할 수 있는 공장이 들어서게 된 것이다. 곧 산업 혁명은 전 세계로 퍼지게 된다. 이와 더불어 대량 생산된 물건을 팔기 위해 무역에 필요한 법률과 외국어 능력, 교통과 통신에 필수적인 전문 기술들이 더욱 중요해졌다. 조선에서 실학파가 활약하던 때도 바로 이즈음이다.

그 후로 과학 기술은 급속도로 발전을 거듭했다. 동시에 복잡해진 사회, 늘어난 수명과 깊은 연관이 있는 법과 의학은 말할 것도 없고, 환경과 깊은 연관이 있는 기상학, 다른 나라와 교류할 때 필수적인 통·번역의 중요성은 점점 더 강조되고 있다. 실학파가 활약하던 시기에서 이백여 년이 지난 지금, 우리는 '잡과' 전성시대를 맞이하고 있다.

장원 급제를 향한 한 걸음

대과 급제자 서른세 명을 발표하는 날이야. 목구멍으로 밥도 안 넘어가고 해서 일찍이 급제자 명단을 보러 궁궐로 향했어. 창덕궁까지 겨우 오 리(약 2킬로미터) 남짓한 길이 왜 이리도 멀게 느껴지는지.

앗, 저기 합격자 명단이 적힌 방이 벌써 붙어 있군. 박 진사와 나는 조마조마한 마음으로 방 앞에 다가갔어. 대과 복시에 합격한 급제자 명단이라……. 과연 서른세 명 중에 내 이름이 있을까?

눈을 부릅뜨고 자세히 보니, 세상에! 명·료·한, 내 이름 석 자가 떡하니 적혀 있지 뭐야! 오, 천지신명이시여!, 정말로 감사합니다!

이제 고생 끝 행복 시작이야. 더욱 다행인 건 급제자 명단에 박 진사

이름도 들어 있다는 사실이야. 우리는 서로 얼싸안고 기뻐하다가 전시를 보기 위해 허겁지겁 궁궐 안으로 들어갔어.

과거 시험의 마지막 관문, 전시

전시란 대과의 마지막 3단계 시험을 말해. 주로 정치·경제·국방·외교 등의 정책을 논술하는 시험이지. 복시에 합격한 서른세 명의 등수를 매기는 시험이어서 떨어지는 일은 없지만, 장원이 정해지는 시험이기 때문에 매우 중요하다고 할 수 있지.

원래 내 목표는 그저 급제자 서른세 명에 안에 들기만 하자는 거였어. 그런데 방금 그 뜻을 이루자마자 가슴속에서 새로운 꿈이 스멀스멀 피어오르지 뭐야. 바로 장원 급제!

우리는 전시가 열리는 창덕궁 춘당대 뜰로 향했어. 춘당대에는 임금님이 나와 앉아 계셨지. 임금님의 용안을 직접 보게 되다니, 그야말로 꿈만 같았어. 너무 감격해서 잠시 멍 때리고 있는 사이에 책문이 게시판에 걸렸네? 전시의 시험 문제를 '책문'이라고 부르거든. 생각보다 문제가 길지는 않았어.

여진을 정벌할 것인가, 아니면 화친할 건인가?

아, 짜릿한 기운이 머리부터 발끝까지 찌릿찌릿 뻗쳐 왔어. 내가 평소에 관심이 많은 국방과 외교에 관한 문제잖아!

답은 또박또박 논리적으로

나는 칼을 뽑아 든 장수의 심정으로 비장하게 먹을 갈았어. 그러면서 머릿속으로 내 주장을 뒷받침할 역사적 근거를 정리했지. 어느새 먹물이 충분해졌어. 이제 답을 쓸 시간이다! 나는 붓을 들었어.

소생 삼가 붓을 들어 답합니다.

우리의 북방 변경에 있는 여진이 두만강과 압록강을 침범한 역사가 오래됩니다. 하여 세종대왕께서 최윤덕과 김종서로 하여금 4군 6진을 개척하게 하여 북방 변경을 안정시키셨습니다. 그로부터 이백여 년이 흐른 지금, 다시 여진이 변경을 집적거리니 실로 통탄할 일이 아닐 수 없습니다.

여진이 조선을 침범하는 것은 우리 관리들이 그들을 제대로 통제하지 못하기 때문입니다. 그들을 힘으로만 누르려다 보니 반발하는 것입니다. 지금이라도 유능한 관리를 파견해 여진을 잘 다독여 말썽을 일으키지 못하도록 하고, 명나라와 공조하여 여진을 통제할 수 있는 대책을 세워야 합니다. 이는 명나라에 사대하고, 여진·왜와 친하게 지낸다는 사대교린 정책과도 맞는 것으로…… 어쩌고저쩌고 이러쿵저러쿵 ……이옵니다.

사대교린 정책과 4군 6진

사대교린이란 '큰 나라를 섬기고 이웃 나라와 사이좋게 지낸다.'는 뜻으로, 조선 시대를 대표하는 외교 정책이다. 여기서 큰 나라란 중국의 명나라를 말하고, 이웃은 여진이나 왜를 가리킨다. 그렇다고 항상 이웃 나라와 평화롭게 지낼 수는 없었기에, 회유책과 강경책을 번갈아 사용하곤 했다. 예를 들어 왜를 달래기 위해 부산포를 포함한 세 개 항을 개방해서 드나들 수 있도록 허락한 건 회유책이었고, 수군을 동원해 왜구의 본거지인 쓰시마섬을 정벌한 건 강경책이었다. 당근과 채찍을 번갈아 사용하는 정책이라고나 할까?

4군 6진 개척은 북쪽 국경을 침범하던 여진을 막기 위한 강경책 중 하나였다. 세종대왕은 여진족을 북쪽으로 몰아내고 무신인 최윤덕을 파견해 압록강 유역에 4군을, 문신인 김종서를 보내 두만강 유역에 6진을 설치하도록 했다. 또한 확보한 영토를 지키는 방법으로 남쪽 지방에 살던 주민들을 새롭게 개척한 지역으로 강제 이주시켜 국경을 안정시키는 사민 정책을 펼쳤고, 여진족의 귀순을 적극적으로 받아들이기도 했다. 이후로 여진족이 후금을 세우기까지 이백 년 정도는 북쪽 국경에 큰 문제가 일어나지 않았다. 그래서 세종대왕 때를 조선의 북쪽 국경이 확정된 시기로 보기도 한다.

장원 급제의 영광은 누구에게?

우아, 내가 써 놓고도 참 훌륭한 답안이라는 생각이 들어. 글씨는 또 어떻고? 전시의 답안은 임금님이 직접 보기 때문에 반듯반듯한 해서체로 써야 해. 하늘이 도운 걸까? 글씨도 만족스럽게 아주 잘 썼지 뭐야. 나는 붓을 내려놓고 답안지를 제출했어.

이제 결과만 나오면 돼. 두근두근, 조마조마, 쿵쾅쿵쾅. 시간이 왜 그렇게 길게 느껴지는지……. 시험을 감독하던 시관 말로는 다른 때

보다 합격자 발표가 늦어지고 있다나.

드디어 채점관이 합격자의 등수를 매긴 방목을 들고 나왔어. 전시 합격자는 갑과 세 명, 을과 일곱 명, 병과 스물세 명 순서로 등수를 매기는데, 갑과의 일등이 바로 '장원'이야. 채점관이 입을 열었어.

"갑과에 이영환, 한정희, 명료한, 을과에 김아무개……."

내가 갑과라니! 그러니까 이번 과거 시험에서 적어도 삼등 안에 든 거야. 나는 너무 기뻐서 정신이 혼미해지는 것 같았지. 병과까지 서른 세 명의 등수를 다 발표한 채점관은 마지막으로 갑과 세 명 중에서 누가 장원인지 발표했어.

"장원! 전주 유생, 명·료·한!"

이게 꿈이냐, 생시냐! 나는 내 귀를 의심했어. 내가 하도 어리둥절해하자 박 진사가 내 볼을 토닥였어.

"어서 정신 차리게, 멍 선비!"

과거 시험을 본 지 이십 년 만에, 일곱 번 떨어지고 여덟 번 도전한 끝에 마침내 꿈을 이룬 거야. 고향에 계신 부모님 얼굴이 마구마구 떠올랐어. 나는 마음속으로 외쳤어.

'어머님, 아버님! 소자, 장원 먹었습니다!'

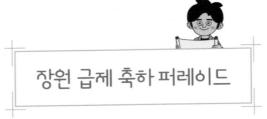

장원 급제 축하 퍼레이드

"우아, 장원 급제라니! 할아버지, 정말 대단하시네요. 가문의 영광이에요! 장원 급제를 차지한 뒷이야기를 좀 들어 보고 싶은데…….
아니, 어딜 또 그렇게 바삐 가세요?"

"임금님께 인사드리러 가려던 참인데, 왜 또 부르는 게냐?"

"궁금한 게 있어서요. 장원 급제 발표 때 시간이 많이 걸렸다고 하셨잖아요? 왜 그런 거예요?"

"그게 말이다. 장원은 갑과 세 명 중에서 일등을 뽑는 건데, 세 명이 쓴 답을 보고 우열을 가리기 힘들었다더구나. 그래서 동인과 서인들이 편을 갈라 자기편을 장원으로 뽑으려고 해서 논쟁이 벌어졌다지?

동인·서인이 뭐냐고? 너희 시대에는 여당이니 야당이니 한다면서? 그 거랑 비슷해. 조선 시대에는 정치 성향이 서로 다른 집단을 '붕당'이라 고 불렀지.

아무튼 누구를 장원으로 정할지 논쟁이 끊이지 않자, 임금님이 붕 당에 속하지 않은 선비를 장원으로 뽑으라고 명하셨다나 뭐라나."

"그럼 할아버지는 어부지리로 장원을 하신 거예요?"

"아니, 어부지리라니! 무슨 그런 버르장머리 없는 말을! 당파에 연 연하지 않고 붕당에 치우치지 않은 중립적인 선비로 살아가는 것이 얼마나 어려운 일인데! 난 이제 축하연에 참석하러 가야 하니 그만 좀 부르거라."

"네, 다시 한 번 축하드려요. 축하 퍼레이드하시는 데 제 조수 알파 봇을 보낼게요. 알파봇, 이번엔 장원 급제 축하 퍼레이드에 출동해야 겠다. 경사스런 날이라서 좋은 일만 있을 테니 즐겁게 다녀와."

장원 급제 합격증을 받다

네, 출동 카메라 알파봇입니다. 저는 지금 대과에서 장원을 차지한 명료한 선비의 유가 행렬이 펼쳐지는 한양에 나와 있습니다.

'유가'란 장원 급제자가 사흘에서 닷새 동안 한양 거리를 돌며 벌이 는 축하 퍼레이드를 말하는데요. 과거 시험의 꽃이 장원 급제라면, 하 이라이트는 삼일유가라고 할 수 있습니다. 스포츠 행사에서 좋은 결과를 낸 선수들이 퍼레이드를 하는 것과 비슷해요. 어쨌든 승천하는 용에 눈알을 그려 넣는 화룡점정 같은 것이죠.

자, 그럼 본격적인 유가 행렬이 펼쳐지기 전에 합격증을 받는 현장부터 찾아가 보겠습니다. 여기는 합격증 전달식인 '방방의'가 펼쳐지는 창덕궁 인정전 뜰입니다. 어좌에 임금께서 앉아 계시고요. 문과 급제자 서른세 명이 장원인 멍 선비부터 순서대로 서 있습니다.

먼저 합격증 전달식이 펼쳐질 텐데요. 일등을 차지한 멍 선비에게 홍패가 전달되고 있습니다. 홍패는 문과와 무과 급제자에게 주는 붉은색 종이로 만든 합격증입니다. 과거 급제자에게 홍패를 주는 건 고려 시대부터 이어져 온 오래된 전통이라고 하네요.

급제자들이 차례로 절을 올리자 임금이 술을 한 잔씩 하사하는군요. 우리 멍 선비님이 술을 드실 줄은 아는지 모르겠네요. 술을 받아 마신 급제자들이 임금에게 다시 절을 하고 궁궐을 빠져나옵니다. 이제 급제자들은 축하 잔치에 참석하기 위해 예조로 향하고 있습니다.

예조 뜰에 급제자를 위한 자리가 마련되어 있군요. 이곳에서도 장원인 멍 선비의 자리가 맨 앞입니다. 풍악이 울리고, 광대가 춤을 추고, 기생이 술을 따르고, 아주 흥겨운 풍경입니다. 그런데 축하연의 메인 공연이라는 유가는 언제 시작하는지 궁금하네요. 어, 오늘이 아닌가?

어사화를 꽂고 시가행진에 나서다

축하 잔치 이틀째 날입니다. 저는 다시 궁궐에 나와 있습니다. 아침에 급제자들이 성균관에 있는 공자 사당에 참배를 마치고 다시 임금을 알현하기 위해 이곳에 모인 건데요. 급제자들이 차례로 임금께 절을 하자 임금이 장원인 멍 선비에게 어사화와 말을 하사합니다.

마침내 급제자들이 쓰는 모자인 '복두'에 종이로 만든 꽃인 '어사화'를 꽂고, 예복인 '앵삼'을 차려입은 멍 선비가 유가에 나섭니다!

삼현육각이라 불리는 여섯 종류의 악기가 풍악을 울리고, 광대들이 화려한 춤을 추고 있습니다. 그 뒤로 말을 탄 멍 선비가 위풍당당한 모습으로 행렬의 중앙을 차지하고 있네요. 멍 선비 뒤로 아이들이 마냥 신나서 졸졸 따라다니고, 행렬을 구경 나온 사람들도 제 일인 양 기뻐하는 모습입니다.

여기서 잠깐!

한양 경제의 중심, 운종가

한양에서 정치적 중심지가 경복궁이라면, 경제적인 중심지는 단연 운종가였다. 운종가는 '사람과 물건이 구름처럼 모였다 흩어지는 거리'라는 뜻으로, 온갖 상품을 파는 시전들이 모여 있던 곳이다. 시전은 나라의 허락을 받고 물건을 파는 상점을 말하는데, 생활용품에서 사치품까지 다양한 상품을 취급했다. 그중에서도 비단, 무명, 삼베, 종이, 건어물 등 여섯 가지 품목을 다루는 육의전이 제일 유명했다. 지금의 서울 종로 거리에 있었으며, 중국산 비단을 취급하는 상인만 칠십여 명이 넘을 정도였다고 한다.

구경 나온 백성 한 분과 이야기를 나눠 보겠습니다.

"어르신, 유가 행렬을 보니까 어떠세요?"

"어떻긴요. 당연히 배가 아프죠. 우리 아들 녀석은 언제 급제해서 아비를 기쁘게 해 주려나. 아무튼 축하합니다. 근데 저 장원을 차지한 양반 이름이 멍 선비라고 했던가요? 엄청 멍해 보이는데 어떻게 장원을 했대?"

여기서 컷! 네, 인터뷰를 하는 동안 유가 행렬이 운종가를 빠져나가 멍 선비의 친척이 사는 북촌으로 향합니다. 과거 시험에 급제하면 선배 급제자나 친척을 찾아보는 게 예의라고 하네요.

담 너머로 고개를 쑥 빼고 유가 행렬을 지켜보는 여인들의 모습도 보입니다. 유가를 바라보는 사람들의 마음은 앞서 인터뷰했던 어르신과 비슷할 것 같습니다. 축하와 부러움이 뒤섞여 있겠죠.

고향에서도 이어지는 축하 잔치

사흘 동안 한양에서 축하 퍼레이드를 마치면 고향으로 내려가 한양에서처럼 또 삼일유가를 펼칩니다. 그리고 일가친척과 이웃들을 초청해 축하 잔치를 벌이지요. 이번에는 고을 수령이 마련하는 축하 잔치인데, 장원 급제가 워낙 하늘의 별 따기처럼 어렵다 보니 급제자와 가문뿐만 아니라 고을 전체의 영광이라고 여겼거든요. 뭐, 대학 수학 능력 시험에서 만점을 받으면 학교 정문이랑 동네 어귀에 플래카드가 붙는 거랑 비슷하달까요?

임금은 고향에 내려가는 장원 급제자에게 쌀과 말 등을 하사합니다. 그리고 급제자 아버지에게 벼슬을 내리기도 합니다. 그동안 자식을 잘 돌본 부모를 위로하는 배려라나요?

이제 관심은 장원을 차지한 멍 선비가 어떤 관직을 얻게 될 것인가에 모아지고 있습니다. 장원을 차지했으니 요직 중의 요직으로 발령이 날 것 같은데요. 오늘은 멍 선비가 그동안 고생했던 것 다 잊고 뒤풀이, 아니 유가 행렬을 즐겼으면 좋겠네요.

이상, 장원 급제자 멍 선비의 유가 행렬 현장에서 알파봇이 전해 드렸습니다!

멍 선비, 관직에 나아가다

하루 이틀도 아니고 며칠씩 축하 잔치를 하다니, 보통 체력이 아니면 잔치하다 몸살이 나겠네. 이렇게 떠들썩하게 급제자들을 치켜세우는 건, 어쩌면 나라에서 의도한 거나 다름없다고 봐야겠지. 임금이 나서서 유교의 가르침에 통달한 인재를 널리 등용하겠다는 의지를 보여 주는 거나 다름없으니 말이야. 어찌 보면 삼일유가는 과거 제도에 대한 최고의 홍보가 아니었을까 싶어.

떠들썩한 유가 행렬과 나랏돈으로 차려 주는 번듯한 잔치를 보면, 공부에 담을 쌓았던 사람들조차 급제하는 데 관심을 기울이게 될 테니까. 또 이미 과거 시험에 뜻을 두고 있던 유생들에게는 최고의 동기

부여가 되었겠지!

매사에 멍하다고 소문났던 친구가 일등을 했을 때, 격려하는 의미로 학교에서 장학금을 준다면? 너나없이 '오, 다음에는 나도······.' 하는 생각이 들지 않겠어?

어, 잔치를 끝낸 할아버지가 피곤하실 텐데도 일찌감치 일어나셨네. 슬쩍 따라가 볼까?

장원 급제를 하면 어떤 관직을 받을까?

삼일유가를 마치고 나니 장원 급제를 했다는 게 실감이 나. 근데 막상 급제를 하고 나니까 뭘 해야 할지 모르겠더라고. 평소 같으면 멍때리고 있었겠지만, 때가 때인지라 공부를 하기로 했어. 과거 시험에 급제하긴 했지만 벼슬에 관해서는 딱히 아는 게 없어서 말이야. 그래서 박 진사를 찾아가 보기로 마음먹었지.

박 진사가 사람은 좀 가벼워도 최신 소식에 민감한 데다 아는 것도 많거든. 이 친구는 이번에 삼십삼 등으로 간신히 합격의 영광을 안았지. 그런데 어찌나 자랑이 심한지 장원을 먹은 나보다 더 너스레를 떨고 다닌다나? 어이쿠, 다 왔다.

"박 진사, 안에 있는가? 깊이 이해하는 능력은 딸려도 얇고 넓게 아는 게 많은 자네의 특기를 살려 정보를 꽤 모았을 터이니, 앞으로 우리가 하게 될 벼슬에 대해 얘기 좀 해 주게나."

"자네, 장원 급제한 사람 맞나? 그것도 모르다니! 이리 따라오게!"

박 진사는 반가운 표정으로 나를 데리고 궁궐로 향했어. 궁궐 앞마당에는 비석처럼 생긴 돌이 좌우로 죽 늘어서 있었지.

"벼슬이란 관직과 품계를 가리키는 말이라네. 저기 늘어선 돌에 정1품, 종2품이 새겨져 있지? 처음 벼슬을 하게 되면 종9품을 받고, 여기서부터 점점 승진을 하는 게야. 능력이 좋으면 정1품까지도 갈 수 있네. 정1품, 종9품 하는 등급이 바로 품계지."

나는 깜짝 놀랐어.

"아니, 정1품 이런 거 말고 영의정을 하고 싶다고."

"정1품은 품계를 가리키는 거고, 영의정은 관직을 말하는 거라네. 정1품에 오른다는 게 바로 영의정이 된다는 얘길세."

"아, 그래. 영의정이 정1품이지. 그런데 어느 세월에 거기까지 올라 가나……. 몇십 년은 걸릴 텐데."

내가 한숨을 쉬자 박 진사가 내 등짝을 냅다 후려쳤어.

"예끼, 이 사람아. 이러니 장원 급제랑 똑똑한 건 다르다는 말이 나 오지. 자네는 종6품부터 시작하는 거라네. 어디 보자, 종9품, 정9품, 종8품, 정8품, 종7품, 정7품……, 다음이 종6품이니 종9품에서 시작 하는 나보다 6등급을 건너뛴 셈이구먼. 한 품계당 일 년만 잡아도 나 보다 칠 년이나 앞선다고. 알겠는가? 근데 지금 그 기분 나쁜 미소는 대체 뭔가?"

신의 직장이라 불린 청요직

집에 돌아오니, 나를 관직에 임명한다는 문서가 도착해 있었어. 이 름하여 '사령장'이야. 헐, 대박! 나를 정6품 형조 좌랑에 임명한다고 쓰여 있지 뭐야. 원래 장원은 종6품부터 시작하는데, 임금께서 나를 정말 어여삐 여겨 한 단계 위인 정6품에 임명한 거야. 그때 옆에서 누 군가 내 사령장을 들여다보더니 부러운 듯 중얼거렸어.

"장원은 더러 정6품으로 임명하는 경우가 있다더니, 자네가 그 경우인 모양이로군. 조상님이 도우셨네."

"아니, 박 진사! 자네, 아까 집에 가지 않았나?"

"벌써 다녀왔지. 나도 사령장을 받았거든."

"아, 그랬군. 근데 나를 형조 좌랑으로 임명한다는데, 이거 좋은 거 맞지?"

"이 대목에서 또 내가 나서야겠군. 이리 따라오게."

박 진사는 나를 광화문 앞 기다란 건물들이 늘어선 거리로 데려갔어.

"여기가 육조 거리라네. 나라의 주요 행정을 담당하는 육조 관청이 모여 있는 곳이지. 육조 중에 관리들을 어떤 자리에 앉힐지 결정하는 '이조', 군사를 다루는 '병조'는 특별히 중요한 일을 한다고 해서 '중요할 요(要)' 자를 붙여 '요직'이라고 부른다네. 자네는 요직에서 살짝 비껴서 발령이 난 셈이지."

아니, 요직에서 살짝 비껴났다고?

여기서 잠깐!

조선의 행정 타운, 육조 거리

육조란 중요한 행정을 도맡은 이·호·예·병·형·공의 여섯 개 관청을 가리키는 말이다. '이조'는 관리들의 인사를, '호조'는 백성들의 가구 수, 돈과 식량을, '예조'는 제사와 교육, 과거 시험을, '병조'는 군사 관련 업무를, '형조'는 법과 형벌에 관련된 일을, '공조'는 토목과 건축, 소방 등의 업무를 관장했다. 당시 경복궁의 정문인 광화문 앞에 육조 관청이 모여 있어서 이를 '육조 거리'라고 불렀다고 한다. 지금으로 따지면 주요 관청들이 모여 있는 행정 타운이라고 할 수 있겠다.

"그럼 자네는? 자네는 어디로 발령이 났는데?"

박 진사는 대답 대신 나를 궁궐 안으로 데리고 들어갔어.

"저기 임금님이 일을 보시는 전각 옆으로 홍문관, 사간원, 사헌부가 있네. 세 부서는 임금님과 나랏일을 의논(홍문관)하고, 임금님이 잘못된 행동을 하면 목숨을 걸고 간언(사간원)하고, 관리들이 나쁜 짓을 하지는 않는지 감시(사헌부)하는 곳이야. 이렇게 언론의 역할을 하는 세 부서를 합쳐 '삼사'라고 부르지. 또 본인이 깨끗하지 않으면 할 수 없는 일이라, 삼사의 관리직을 '맑을 청(淸)' 자를 써 '청직'이라고 부르기도 한다네."

"나도 언젠가 관리라면 모두가 바란다는 '청요직'에 대해 들어 본

여기서 잠깐!

오백 년 전의 언론 기관, 삼사

삼사란 임금과 직접 의견을 나누던 홍문관과 사간원, 사헌부의 세 개 관아를 일컫는 말이다. 홍문관은 궁중의 문서와 책을 관리하며 임금이 자문을 하면 함께 논의하던 부서였고, 사간원은 임금에게 잘못된 일을 바로잡도록 권고하는 일을 했으며, 사헌부는 관리의 비리를 조사하여 그 책임을 묻는 역할을 맡았다. 그중에서 제3대 임금인 태종 때 설치된 사간원은 제10대 임금인 연산군 때 폐지되었다가 훗날 다시 복원되었다. 이처럼 목숨을 걸고 임금에게 올바른 목소리를 내는 자리였기에, 임금을 보필하는 데 목표를 둔 유학자들이 가장 영광스럽게 여기는 관직이기도 했다. 왕 또는 신하들이 나랏일을 마음대로 결정할 수 없도록 견제하는 역할을 한다고 해서 '언론'이라 불렸는데, 삼사의 힘이 약할 때 나라가 어지러워지는 경우가 많았다.

적이 있다네. 그럼 앞서 말한 청직과 요직을 합한 게 청요직이란 말인가?"

"자네는 아는 건 없지만 눈치는 꽤 빠르군. 맞네, 바로 그 청요직이야. 나는 홍문관의 9급으로 임명을 받았으니 청요직이고, 자넨 거기서 살짝 비껴난 걸세."

세상에, 이럴 수가! 그야말로 청천벽력 같은 소리였어. 일등은 내가 했는데 삼십삼 등을 한 박 진사가 청요직에 임명되었다고? 하지만 친구가 잘되었으니 축하할 수밖에. 그래도 뭔가 이상했어. 아무리 생각해도 이럴 리가 없는데 말이지. 나는 박 진사가 소매에 꽁꽁 숨겨 둔 사령장을 빼앗아 펴 보았어.

"이런, 이런. 자네는 홍문관으로 발령이 나기는 했지만 대기자 신세구먼. 관직이 충분하지 않아서 등수가 낮은 사람은 한참 동안 대기해야 한다더니……. 예끼, 이 사람아. 사람을 놀려도 유분수지."

"허허. 대기자로 기다리기 지루해서 좋은 점만 생각하다 보니 그렇게 되었다네. 자네가 발령받은 형조도 법률과 소송 등을 다루는 아주 중요한 관청이야. 누구나 선망하는 신의 직장인 청요직만큼은 아니지만. 게다가 자넨 임금님의 총애를 받고 있으니 금방 요직으로 옮겨 가지 않겠나?"

장난기는 많긴 하지만, 늘 나를 생각해 주는 친구라 차마 미워할 순 없다는…….

관리가 되는 첫 관문, 신참례

어디에서 일을 할지 정해졌으니, 이제 나라와 백성을 위해 열심히 일만 하면 되겠지⋯⋯는 무슨. 일을 시작도 하기 전부터 선배들에게 신고하는 무시무시한 행사, '신참례'가 기다리고 있어. 신참례란 같은 부서의 선배들이 신참들을 환영한답시고 이상한 짓을 시키고 기합을 줘서 공포에 떨게 만드는 행사야.

무거운 마음으로 신참례에 참여하기 위해 터덜터덜 길을 가다 난데 없이 저승사자를 만났어. 얼굴에 새까만 먹칠을 하고, 옷이 너덜너덜 하게 찢어진 비루하기 이를 데 없는 저승사자였지. 낮부터 저런 차림 으로 다니는 자가 있다니! 세상 참 많이 변했다는 생각을 하면서, 나도 모르게 속으로 혀를 끌끌 차고 있는데…….

저승사자가 내게 불쑥 말을 거네?

"자네도 신참례 가나?"

"아니, 이 목소린 박 진사 아닌가? 저승사자인 줄 알았네. 이 사람, 이건 또 무슨 장난질인가?"

박 진사는 내 목소리를 듣더니 설움이 북받쳐 오르는지 눈물을 왈칵 쏟아내지 뭐야. 먹칠에 눈물 자국이 더해져 얼굴이 금세 엉망진창이 되었지.

"신참례를 다녀오는 중이라네. 훌쩍."

"얼굴은 그렇다 치고 옷은 왜 이리 엉망인가?"

"새벽부터 지금까지 땅바닥을 기고 구르다 보니 이렇게 되었지 뭔가. 진짜 죽는 줄 알았네."

"아니, 신참들을 따뜻하게 맞아 줘야지, 왜 못살게 군단 말인가?"

내 말에 박 진사가 찌그러져 못쓰게 된 갓을 바로잡으려 부단히 애쓰며 대답했어.

"그게……, 오래된 사연이 있다네. 옛날 옛적이긴 하지만, 과거 시험이 시행되던 고려 시절 이야기지. 고려 말에는 과거 시험이 지금처럼 공정하지 않아서 집안만 좋으면 아무것도 모르는 열서너 살짜리 어린 친구들이 합격해 관직에 오르는 일이 다반사였어. 당시 어린 애들은 분홍저고리를 입는 게 유행이었는데, 신참들이 어찌나 어리고 분별이 없었던지, 분홍옷을 입고서 젖 냄새를 풍기는 젖먹이 같다는 뜻으로 사람들이 '분홍방'이라고 불렀다네."

"분홍방이 집안의 힘을 믿고 건방지게 굴며 선배들을 깔봤다는 얘기는 나도 들었네."

"그러니 다들 얼마나 기가 막혔겠나? 오랜 시간 관직에 있던 선배들이 합세해 분홍방들의 코를 납작하게 눌러 주려고 신참들을 골리는 행사를 하게 된 거야. 그게 오늘날까지 이어져 오는 신참례라네. 신참례는 중요한 관청일수록 견디기 힘들고 어려웠는데, 그만큼 정신 차리고 똑바로 일하라는 뜻을 담고 있다나. 내가 몸담은 청요직 같은 부서일수록 더 심하단 말일세."

나는 박 진사가 또 청요직 운운하는 소리를 듣고 싶지 않아서 얼른 자리를 떴어.

멍청이가 된 멍 선비

박 진사가 당한 꼴을 보고 걱정이 된 나는 우선 선배들 집을 돌며 명함을 건넸어. 질 좋은 종이를 수십 장 마련한 뒤 내 집안과 나이 등을 적은 명함을 만들었거든. 뭐, 돈깨나 들였지. 처음엔 명함만 돌리고서 줄행랑을 치려고 했는데, 선배들을 만나 미리 마련해 간 음식을 바치고 넙죽 엎드려 절까지 했어. 어제 일면식도 없는 선배 한 명이 이런 편지를 보내왔지 뭐야.

새로 오는 멍청이는 명심하거라! 넌 별 볼일 없는 재주로 운 좋게 과거 시험에 합격해 중요한 업무를 맡은 형조에 들어오게 되었다. 그러니 앞으로 일을 편하게 하려거든, 먼저 네 주제를 파악하고 각종 고기로 맛난 음식을 만들어 우리에게 바치도록 하라.

내가 멍 선비, 멍 장군까지는 들어 봤어도 멍청이란 소리는 처음이었어. 게다가 선배랍시고 뻔뻔하게 공짜 음식을 받아먹겠다니. 으으으, 화가 난다, 화가 나! 그런데 선배의 말대로 하지 않으면 정식으로 관원이 되는 행사를 계속해서 미루겠다고 하니, 비굴한 기분이 들더라도 시키는 대로 하는 수밖에.

가진 것도 없는 형편에 큰돈을 들여 정성껏 준비한 예물이 마음에 들었던 걸까? 그럭저럭 넘어가나 싶었는데, 선배들이 묘한 웃음을 지으며 슬금슬금 다가오지 뭐야?

"어이, 신참! 환영하는 뜻으로 인사를 받겠다. 다섯 셀 때까지 절을 스무 번 하도록!"

이런, 된장! 다섯을 셀 때까지 큰절을 스무 번이나 하라니. 조상님께 제사를 지낼 때도 이렇게는 안 했는데! 별수 없이 절을 하고 나니 머리가 어질어질했어. 그동안 공부하느라 운동이 부족했는지 금세라도 토할 것처럼 괴로웠지. 그때 선배 한 명이 등 뒤로 다가와 팔을 붙잡지 뭐야. 이어서 다른 선배가 붓에 먹물을 잔뜩 묻히고는 미소를 흘리며 바짝 다가왔어.

나는 울상을 지으며 사정을 했지.

"선배님, 제발 선배님……."

선배는 내 얼굴이 낙서장이나 된 듯, 한참 동안 글을 쓰고 그림을 그려 댔어.

"푸하하하! 귀엽구나. 이래야 신참이지. 이 상태로 동네를 열 바퀴 돌고 와라!"

나는 아무 말도 못 하고 길을 나섰어. 내 몰골을 보고 마을 사람들이 입이 찢어져라 웃어 댔지. 가까스로 동네를 다 돌고 돌아오는데 담장 너머로 선배들의 낄낄대는 웃음소리가 들렸어.

"저쪽 병조에서는 관모로 연못 물을 떠먹으라고 시켰다던데 우리도 해 보는 게 어떨까?"

순간, 하늘이 노래졌어. 다행히 누가 배앓이 한다고 말렸는지 머리를 땅에 박고 버티기를 시킨 뒤 한 시간 후에 풀어 주었지. 그새 내 얼굴은 반쪽이 되어 버렸어. 그런데 이 짓을 열흘 가까이 해야 한다니! 악몽이야, 악몽.

부당한 신참례를 거부하다!

신참례는 당할 때는 억울해도 선배가 되면 재미있다더니, 조선 시대 내내 계속된 걸 보면 행사의 수명이 꽤나 길었던 모양이야. 얼마나 극성이었는지, 《경국대전》에도 신참들을 심하게 골리면 곤장 60대를 친다는 규정까지 있었어. 하지만 어느 정도가 심한 건지에 대한 기준이 없었으니 제대로 시행되기 힘들었지.

그런데 남들이 다 웃고 떠들며 즐길 때, '아니오!'라고 외치는 용자가 있었어. 누구냐고? 바로 율곡 이이야. 조선 시대를 통틀어 최고의 천재라고 불리던 이이 말이야.

이이 역시 첫 관직에 나설 때 선배들이 있는 자리에서 신참례를 해야만 했어. 그런데 그 행사를 단호하게 거부해 버렸지. 그래서 관리들

사이에서는 천재보다는 전설로 더 유명해.

　　신참례 날, 이이는 선배들에게 이렇게 맞섰대.

　　"《경국대전》에도 신참들을 괴롭히면 곧장 60대를 친다고 되어 있습니다. 이러지 마십시오."

　　이이는 외교 업무를 전담하는 승문원에 처음 임명되었는데, 선배들이 똑똑하기로 소문난 신참내기를 단단히 혼내 주려 했던가 봐.

　　"이거, 눈에 뵈는 게 없구먼. 당장 머리 박아. 거부하면 우리 부서에서 일 못 하게 할 거야."

"그래도 절대 하지 않겠습니다. 잘못된 것은 고쳐야지, 왜 계속해 왔다고 묻지도 따지지도 않고 쭉 이어 가야 한답니까? 그건 인권 침해이자 텃세입니다."

"싫어? 싫으면 나가든지."

이이는 끝내 신참례를 거부하다 관청에서 쫓겨나고 말았어. 물론 다시 과거 시험을 봐서 장원을 차지한 뒤 더 좋은 자리로 가긴 했지만 말이야.

이이는 무사히 중요한 관직에 자리를 잡고 나서, 임금에게 상소를 올려 신참례는 추잡한 행사니 금지하라고 건의했어. 이이를 아꼈던 임금은 그 제안을 즉시 받아들였지. 하지만 그때 잠깐뿐이었고, 그 뒤로도 이런 행사가 죽 이어졌다나.

이이는 신참례에 어찌나 치를 떨었는지, 자신이 병조의 책임자인 판서로 있는 동안 병조만이라도 절대 신참례를 벌이지 않도록 눈에 불을 켜고 감시했다고 해. 나도 그런 능력이 있었다면 고되고 힘든 신참례를 거부했을 텐데……, 차마 그럴 순 없었지.

18대 후손인 멍 박사야, 넌 이 조상님의 심정을 이해할 수 있겠니?

과거 시험의 신 이이와 다짜고짜 인터뷰

알파봇

자, 그럼 멍 선비님의 값진 경험담을 마무리하면서 조선 시대 과거 제도 하면 빼놓을 수 없는 엄친아를 한번 만나 보겠습니다. 어렵게 인터뷰에 초대한 분은 바로 신참례를 거부한 전설적인 인물, 율곡 이이 선생님입니다.

앗, 이이 선생님, 벌써 나와 계셨네요! 과거 시험에서 아홉 번이나 일등을 먹은 공부의 신, 아니 '과거 시험의 신' 맞으시죠? 그럼 다짜고짜 여쭐게요. 아홉 번이나 장원 급제를 하셨다는데, 생각보다 굉장히 겸손해 보이시네요?

이이

"그렇지, 내가 겸손 빼면 별 볼일이 없거든. 농담이고……, 자네도 알다시피, 내 어머니가 그 이름도 유명한 신사임당 아니신가. 남자로 태어났다면 나보다 더 큰 이름을 날리셨을 만큼 학식이 깊은 분이셨지. 내 첫 스승이기도 한 우리 어머니는 내가 어린 나이에 시를 짓고 글을 척척 읽어도 절대 자만하지 말고 더 열심히 하라며 채찍질을 하셨다네. 아니, 진짜 채찍질이 아니라 그만큼 격려를 하셨단 거지. 그때 배운 겸손이 몸에 배었다고나 할까?"

알파봇

아니, 겸손하라고 배우셨다면서 열세 살에 감히 과거 시험을 볼 생각을 하시다니요?

이이

그건 예비 시험인 소과일 뿐이라네. 뭐, 소과라고는 해도 보통 스무 살 이상에서 여든이 넘은 노인들까지 보는 시험에 열세 살짜리가 합격했으니 다들 놀랄 만했지.

그런데 사실 아주 대단한 일은 아니었다네. 합격자 중에 내 또래가 한 명 더 있었거든. 나중에 들은 이야기로는 그 아이가 굉장히 거만했다더군. 나야 뭐 내세울 게 없으니

지폐의 모델이 된 모자지간

율곡 이이(1536~1584)는 조선의 성리학을 한 단계 발전시킨 위대한 학자이자 뛰어난 정치가이다. 1564년에 치러진 대과 시험에서 초시·복시·전시 모두 장원을 차지하는 등 과거 시험에 관련된 화려한 기록뿐 아니라, 퇴계 이황에 견줄 만큼 방대하고 심오하게 성리학 이론을 집대성하는 뛰어난 학문적 성과를 남겼다. 여러 분야에 걸쳐 사회 개혁안을 제시하고, 전란에 대비해 십만 군사를 키워야 한다고 주장하며, 붕당 정치를 결사적으로 반대하는 등 정치인으로서의 업적에서도 높은 평가를 받는다.

이이의 어머니는 여류 예술가로 잘 알려진 신사임당이다. 여성이 글을 쓰거나 그림을 그리는 경우가 많지 않은 가부장 중심의 조선 사회에서 사임당의 행보는 단연 돋보였다. 신사임당의 글씨를 본 강릉 부사는 이를 후세에 남기고자 현판으로 판각해 오죽헌에 걸어 두었으며, 이이의 스승이었던 학자 어숙권은 신사임당의 그림을 보고 "어찌 부녀자의 그림이라고 경솔히 대할 수 있겠는가?"라고 극찬을 아끼지 않았다. 또한 아들 이이를 더없이 훌륭하게 키워 낸 것뿐만 아니라, 조선 중기의 대표적인 외척인 윤원형 무리와 어울리는 남편을 극구 말려 사화에 휩쓸리지 않도록 해 '현모양처'의 상징처럼 사람들의 입에 오르내렸다.

지금 우리가 사용하고 있는 지폐 가운데 오만 원권에는 신사임당, 오천 원권에는 이이의 초상화가 실려 있다. 어머니와 아들이 동시에 화폐의 모델이 되는 진기록을 남긴 셈이다.

그냥 가만있었지. 높으신 분들은 그런 나를 보고 도리어 크게 될 아이라고 여겼어. 그 아이는 후에 어떻게 되었는지 알 수 없지만, 나는 이렇게 오천 원짜리 지폐에 실려 까마득한 후손들마저 다 아는 사람이 되었으니, 당시 높으신 분들의 평가가 맞는 것 같기도 하구먼."

아홉 번이나 장원을 차지한 과거 시험의 신

알파봇

그럼 열세 살 이후로 시험을 보는 족족 합격했으니, 시험이 세상에서 제일 쉬웠다고 말할 수밖에 없겠네요.

이이

아닐세, 열세 살 이후로 바로 과거 시험을 보지 못했다네. 대과 시험을 준비하던 중 내 마음의 고향이자 평생의 스승이신 어머니께서 돌아가셨거든. 나는 세상만사가 다 싫어져서 모든 걸 버리고 산으로 들어갔지. 그러고는 절에서 살기도 하고, 여기저기 구경을 다니기도 하면서 떠돌았어. 덕분에 급제해서 관직에 나간 후, 한때 절에서 중노릇을 한 사람이니 성리학을 논할 자격이 없다는 공격도 꽤나 받았지."

알파봇

절을 떠돌아다니고 있을 때, 혹시 누군가 이제는 과거 시험을 볼 때라고 충고한 건가요?

이이

아니, 그냥 스스로 때가 되었다고 생각했다네. 그래서 스물한 살에 다시 과거 시험을 보았지. 뜻밖에도 보자마자 덜컥 장원을 했더군. 정말 운이 좋았어. 하하하. 스물세 살부터 과거 시험을 종류별로 두루 보았는데, 죄다 장원을 했지. 다 합치면 모두 아홉 번 장원을 했다네. 그래서 내가 지나가면 사람들이 아홉 번 장원을 했다는 뜻으로 '구도 장원공'이라 부르면서 우러러보는데, 아주 그냥 부끄럽기 짝이 없다네."

알파봇

아니, 부끄럽다는 분이 그렇게 빠지지 않고 계속 과거 시험을 봐서 장원을 하셨어요? 그나저나 번번이 장원을 할 수 있었던 비결이 뭐죠?

이이

음, 어디 비결이라는 게 따로 있겠나? 그저 열심히 교과서, 아니 사서오경을 보고 또 본 거지. 공부란 말일세, 책 한 권을 대충 읽고 끝내는 게 아니라네. 한 권일지라도 읽고 또 읽고 또 읽어서 내용을 온전히 내 것으로 만들어야 해. 그러면 저절로 생각도 바뀌고 행동도 바르게 되지. 스스로 깨쳐야만 하는 학문을 학원이나 과외로 대신한다면, 진정한 학문에서 멀어질 수밖에 없는 게야.

백성을 사랑한 최고의 성리학자

알파봇

학문을 얼마나 깊이 깨우쳤는지 세상 사람들에게 알리려고 장원을 하고서도 또 과거 시험을 봐서 장원을 하셨나요? 그게 아니라면 혹시……, 시험 중독?

이이

전혀 아니라네. 나는 시험을 종류별로 한 단계씩 밟아 본 것일 뿐, 한 번 본 시험을 다시 본 게 아닐세. 시험 중독이라니! 천만의 콩떡, 만만의 팥떡일세. 갈고닦은 실력을 시험해 본다는 측면에서, 봐도 되는 시험을 굳이 안 볼 이유도 없지 않은가?

굳이 한 가지 이유를 더 찾는다면 부모님을 기쁘게 해 드리기 위해서였다고 할 수 있겠지. 내가 장원 급제한 사실을 하늘에서 보시고 엄청나게 기뻐하실 어머니가 떠오르니 절로 시험을 잘 보게 되더군. 그저 좋아서 공부를 열심히 했을 뿐인데 시험을 보기만 하면 장원을 하니, 나도 참 대략난감이었네."

알파봇

아홉 번 장원을 하면 녹봉(월급)이 아홉 배가 나온다고 잘못 아신 건 아니고요?

이이

허허. 알파봇인지 거시기인지……. 그 녀석, 참 집요하군. 아홉 번 장원한 이야기는 이제 그만하세. 녹봉이야 법으로 정해져 있으니 더 많아질 일은 없네. 아홉 번 장원을 해서 좋았던 건, 중요한 나랏일을 볼 수 있도록 더 높은 관직을 받았다는 것과 내가 한마디를 하면 임금님이 다른 사람의 의견보다 좀 더 귀 기울이셨다는 것뿐이지.

당시 임금님의 외삼촌인 윤원형이란 자가 뇌물을 받고 관직을 파는 등 갖가지 나쁜 짓을 저질렀는데, 아무도 여기

에 대해서 똑바로 말을 하지 못했다네. 그런데 내가 나서서 그 작자를 벌주어야 한다고 주장했지. 사람들은 내가 곧 쫓겨날 거라 생각했지만, 임금님이 내 편을 들어서 윤원형을 쫓아냈다네. 덕분에 나라가 바로 서고 백성들이 편안해졌지.

공부해서 남 주냐고? 그래, 나는 공부해서 남 주는 일을 했어. 다만 외적의 침입에 대비해 십만 군사를 키워야 한다고 그리 주장했건만, 내 의견이 받아들여지지 않아 나라가 큰 환란을 당한 게 안타까울 뿐이라네.

알파봇

뭔가 자랑인 듯 자랑 아닌 자랑 같은 말씀이군요. 잘 들었습니다! 그냥 앞에 시험이 있으니 봤을 뿐이고, 그냥저냥 시험을 보았는데 번번이 일등을 하고 말았다고 요약할 수 있겠네요.

인터뷰하다 보니, 선생님은 아홉 번 장원한 것보다 나라를 위해 바른 소리를 하시고 학문을 발전시킨 공이 훨씬 더 큰 것 같아요!

별별 과거를 찾아라!

　이이의 사례를 통해 알 수 있듯이, 과거 제도는 뛰어난 인물을 등용하는 데 큰 역할을 했어. 만약 과거 제도가 없었다면? 어쩌면 이이도 떠돌이 선비로 일생을 마쳤을지도 모르지.

　조선 초에는 과거 제도로 공신들의 권력을 누르고 임금의 뒤를 받쳐 줄 새로운 인물을 뽑는 데 힘을 쏟았다면, 시간이 흐르면서 조선의 정치와 사회가 원하는 인물을 적극 발굴하는 역할을 맡게 되었지. 물론 '급제는 성적순'이라는 점은 변함없었지만 말이야.

　자, 그럼 이쯤에서 과거 시험에 인생을 건 조선 사람들이 어떤 기록을 남겼을지 궁금하지 않니? 오십 년도 아니고 오백 년 동안 치러진 과거 시험이니 별별 일이 다 있었을 거야.

아, 이관왕은 벌써 나왔네. '최다 장원'과 '최연소 초시 합격'은 방금 등장한 이이가 벌써 가져간 셈이니까. 또 다른 사람들은 어떤 기록을 세웠을지 몹시 궁금한걸.

"알파봇, 기록을 한번 정리해 보자꾸나. 알파봇, 알파봇!"

"아, 또 뭘 시키시려고요. 바빠 죽겠는데."

"바둑으로 과거 시험을 본다면 백 번도 넘게 장원 급제하실 알파봇 님, 제가 조선 시대 과거 시험에 관련된 최고의 기록들을 조사하려고 하니 정보를 좀 찾아 주시지요."

"아니, 제가 새로 온 신참도 아닌데 신참례하듯 그렇게 비꼬시기 있어요? 칫, 무슨 기록을 드리면 될까요?"

"조선 시대 과거 시험을 대변할 만한 기록은 모두 다!"

과거 제도에 관한 별별 기록들

조선 시대 502년 동안 848회 치러지다

과거 시험은 고려 시대와 조선 시대를 합해서 총 936년간 치러졌어요. 그중에서 조선에서만 502년 동안 지속되었는데, 정기 시험과 부정기 시험을 합쳐 총 848회가 열렸지요.

그중 정기 시험인 식년시가 163회, 부정기 시험인 별시는 581회였어요. 정기 시험보다 부정기 시험이 더 많이 열린 셈이지요. 급제자 수도 마찬가지였어요. 문과에 급제한 사람의 수는 총 1만 4,620명인데, 별시로 급제한 인원만 8,000명이 넘어서 식년시보다 더 많았답니다. 별시로 급제한 사람이 더 많다는 건 한양, 그중에서도 성균관에서 공부하는 유생이 여러모로 유리했다는 뜻이지요. 별시란 말 그대로 '별도로 열리는 시험'이니, 시험장 근처에 사는 사람이 유리할 수밖에요.

평균 2,000 대 1의 경쟁률

조선 시대 과거 시험 응시자 수는 예비 시험인 소과만 해도 2~3천 명이 넘었어요. 이중에서 겨우 이백 명만 합격했으니, 1차 시험 경쟁률도 10 대 1이 넘은 셈이지요.

멍 박사 가라사대,
장원 급제는 낙타가 바늘 구멍
통과하는 것만큼 어려웠느니라.

대과 시험의 응시자 수는 조선 전기에는 2~3천 명 정도였지만, 후기에는 15만 명에 달할 때도 있었어요. 조선 시대 전체를 보면, 평균 6만 3천 명가량의 응시자가 시험을 쳐서 서른세 명의 최종 합격자를 뽑았으니까……. 가만 있자, 계산해 보면 평균 합격률 2,000 대 1이라는 엄청난 경쟁률을 보인 셈이에요.

글 좀 읽었다 하는 사람이면 누구나 과거 시험에 도전했으니, 당연한 결과이기도 해요. 그래서 스승과 제자, 부모와 자식이 함께 과거 시험에 매달리는 일이 조선 시대에는 자못 흔한 풍경이었답니다. 한번 상상해 보세요. 모든 시험이 하나로 통합되어서 온 백성이 한 가지 시험에만 도전한다면? 어휴, 좀 갑갑할 거 같은데요?

대과 합격자 최연소 기록, 14세

조선 초기 소과 시험의 평균 합격 나이는 스물다섯 살, 조선 후기 평균 합격 나이는 서른일곱 살 정도예요. 율곡 이이가 열세 살의 나이로 합격해 기록을 세웠다는 시험이 바로 문과의 예비 시험인 소과지요.

그럼 본시험인 대과의 최연소 합격자는 누구일까요? 제26대 왕인 고종 시절, 열네 살의 나이로 합격한 이건창이에요. 지금으로 치면 열네 살에 공무원 시험이든, 자격증 시험이든 어쨌든 그런 시험에 최종 합격했다는 뜻이지요. 이건창은 똑똑할 뿐만 아니라 성질이 똑 부러지고 곧아서 한번 옳다고 생각하면 절대로 굽히지 않았대요. 그래서인지 다른 관리들이 무지하게 싫어해서 사이가 좋지 않았다나요?

고종 임금은 지방관에게 상납(?) 받는 걸 좋아했어요. 그런데 뇌물을 잔뜩 챙긴 지방관이 자신에게 그 뇌물을 떼어 주지 않자 이렇게 엄포를 놓았대요.

"이런 식이면 이건창을 보내리라."

계속해서 혼자만 해 먹다가는 올곧은 이건창을 내려 보내 비리를 파헤치겠다는 협박 아닌 협박이었답니다.

최고령 합격자의 나이는……, 무려 85세

조선 시대 과거 시험에서 가장 나이가 많은 최고령 합격자 역시(?) 고종 때 시험을 본 정순교라는 인물이에요. 만 여든다섯 살에 합격을 했는데, 보통 다섯 살부터 공부를 시작하니까……, 무려 팔십 년의 시

간을 공부에 바친 셈이지요.

가끔 대학 수학 능력 시험을 칠 때 노익장을 과시하는 어르신들이 등장해 화제가 되곤 하는데, 그와 비슷한 경우였던 모양이에요. 뭐, 공부에 나이가 무슨 상관이 있겠어요!

어쨌든 여든이 넘은 나이에 급제한 게 당시에도 신기하고 존경스러운 일이었던지, 고종 임금은 정순교에게 바로 정3품의 관직을 내렸다고 해요. 나이가 많았던 탓에 아쉽게도 한두 해 뒤 세상을 떠나고 말았지만 말이에요.

삼대 장원, 오 형제 합격의 영광

할아버지, 아버지, 손자의 삼대가 연속해서 장원 급제한 경우가 있었어요. 이보다 더 놀라운 건, 오 형제가 동시에 급제한 경우였지요. 이예장 형제와 안중후 형제가 영광의 주인공이에요. 오 형제가 모두 합격하면 나라에서는 그 부모에게 해마다 쌀 스무 석을 내렸대요.

오 형제가 급제한 걸 뜻하는 사자성어도 있어요. '오자등과'라고 하는데, 사람들은 이 글자를 적은 특별 동전을 만들기도 했다나요. 아들을 낳으면 이 동전을 뿌려 노비들에게 선물로 내리기도 했대요. 사람들은 오자등과를 새긴 동전을 행운의 증표로 오래오래 간직했다는군요.

뭐, 장원이 취소되었다고?

조선 전기에는 관리와 유생들이 훈구파와 사림파로 나뉘어 대립

을 하다가, 다른 파를 모두 귀양 보내거나 사약을 내려 죽이는 무서운 '사화'가 몇 번씩 벌어졌어요.

제11대 왕인 중종 때 사림파 유생인 김식은 각 지방에서 뛰어난 학자로 이름을 날리는 사람들만 모아 특별히 연 과거 시험에서 당당하게 장원 급제를 했어요. 하지만 곧 사화가 일어났고, 여기서 승리한 훈구파 신하들이 사림파의 급제를 모두 취소해 버렸지요. 김식 역시 장원이 취소되었답니다.

선조 때 여계선이라는 인물이 장원 급제를 했어요. 그런데 알고 보니 그가 제출한 답안이 당시 유명한 문장가였던 차천로가 대신 써 준 글이라는 게 밝혀졌어요. 당연히 장원 급제는 취소되었고, 당사자는 유배를 가게 되었지요. 대신 글을 써 준 차천로도 벌을 받아 유배를 가게 되었답니다. 선조는 차천로를 귀양 보내긴 했지만, 아까운 재주를 가진 사람을 굶어죽일 수 없으니 특별히 보살피라는 명령을 내렸대요.

차천로는 나중에 선조의 배려로 다시 관직에 오르긴 했는데, 선조의 아들 광해군이 즉위하면서 중요한 직책을 맡지는 못했어요. 그의 후손들마저 '문장은 매우 훌륭했으나 행실이 형편없어서 세상의 버림을 받았다.'라고 평가했다나요.

서자와 노비 출신 급제자가 있다고?

제7대 왕인 세조 때 인물인 유자광 같은 특별 사례도 있어요. 서얼은 문과 시험을 볼 수 없다는 규정을 깨고, 임금의 특별 허락을 받아 과거 시험을 본 사람이 바로 유자광이에요. 심지어 장원 급제까지 했다니까요? 그렇게 세조의 총애를 받아 과거 시험까지 볼 수 있었던 유자광이지만, 대신들의 반대에 부딪혀 실제 권한이 있는 중요한 관직에는 거의 오르지 못했답니다.

또 중종 때 반석평이라는 사람은 원래 노비였는데, 똑똑한 걸 알아본 주인이 특별히 다른 사람의 양자로 들였다고 해요. 덕분에 과거 시험을 봐서 급제하고 나중에 판서 자리까지 올랐지요.

임금도 과거 시험을 보았을까?

임금도 과거 시험을 보고 합격한 일이 있었을까요? 거짓말 같지만

내가 바로 최초의 노비 출신 과거 급제자 '반석평'일세.

엇, 유명인사 누구랑 많이 닮으셨어요.

있었어요! 조선 제3대 왕인 태종 이방원은 고려 말에 과거 시험을 봐서 급제했어요. 이방원이 과거 시험에 급제하자 아버지인 태조 이성계―물론 이때는 아직 조선의 왕이 아니라 고려의 신하였답니다.―는 너무 기쁜 나머지, 집에 찾아오는 손님마다 일일이 붙들고 합격증을 읽어 주었다고 해요.

이때는 임금이 될 줄 몰랐으니까, 출세를 하기 위해 과거 시험을 본 거겠지요?

인재가 아닌 이익을 탐하다
··· 붕당 정치와 과거 제도 ···

　　붕당은 싸움에서, 싸움은 이해관계에서 생긴다. 〔중략〕 그 이유는 무엇일
까? 열 사람이 굶주리다가 한 사발의 밥을 함께 먹게 되면, 먹기도 전에 싸
우게 될 것이다. _이익, 《곽우록》

　　실학자인 성호 이익이 쓴 글 중의 한 부분이다. 원래 '붕당 정치'란, 성
리학을 공부하는 선비들 중에 학문적으로 뜻이 맞는 사람들끼리 무리를
이루어 서로 비판하며 견제하는 정치 체제이다. 조선 후기의 사회상을 관
찰한 이익은 붕당 정치가 관직의 수가 부족한 까닭에 부정적으로 작동하
기 시작했다고 분석한다.

　　관직에 올라야 양반의 지위를 유지할 수 있는데, 관직의 수는 한정되어
있으니 다툼이 일어날 수밖에 없다는 것이다. 그러니 관직을 독점하고자
서로서로 편을 맺게 되고, 시간이 지날수록 이들의 결속은 더욱더 단단해
질 수밖에.

　　결국 나라와 백성을 위해서 열의를 가지고 토론하고 의논하기보다는,
자기편(붕당)의 이득에 따라서 나랏일을 좌지우지하는 어둡고 답답한 현실
에 봉착하게 된 셈이다.

이조 전랑이 뭐라고!

고려의 과거 제도를 그대로 계승한 조선 초기만 해도 과거 시험은 말 그대로 '개천에서 용이 날 수 있는' 제도였다. 특히 태종과 세종 시절을 거치면서 새로운 인물들이 과거 시험을 통해 대거 등용되었다. 물론 왕실에 공을 세워 권력을 얻은 공신들과 과거 시험을 통해 정계로 진출한 신진 세력 사이의 알력 다툼이 정치적 갈등으로 번지는 경우도 있었다. 하지만 과거 제도가 흔들릴 정도로 치열하지는 않았다.

본격적인 붕당 정치는 선조 때 시작되었다. 공신들로 이루어진 훈구파를 몰아내고 권력을 장악한 사림파는 '이조 전랑' 자리를 두고 두 세력으로 나뉘어 대립했다.

이조 전랑이란 정5품·정6품 관직으로 그리 높은 벼슬은 아니었지만, 관리들의 인사권을 쥐고 있는 만큼 아주 중요한 자리였다. 그런데 이조 전랑은 전임자가 후임자를 추천하는 방식으로 뽑았다. 그야말로 자기들끼리 대를 이어 해 먹을 수 있는 요직 중에 요직이었던 것!

이때 김효원과 심의겸이 이조 전랑 임명 문제를 두고 다툼을 크게 벌이면서 사림파는 그만 동인과 서인으로 쪼개지고 말았다. 여기서 김효원의 집이 도성의 동쪽에 있어서 동인, 심의겸의 집이 서쪽에 있어서 서인이라고 불렀다.

일단 동인이 권력을 손에 쥐었으나, 오래지 않아 '북인'과 '남인'으로 다시 갈라섰다. 그후 임진왜란을 거치면서 큰 공을 세우거나 의병 활동에 적극적이었던 북인이 선조의 아들 광해군을 도와 정치를 주도했다.

그러나 이것도 잠시, 광해군의 패륜 행위를 빌미로 인조가 서인을 등에 업고 반정을 일으킨 후 왕위에 올랐다. 정권을 잡은 서인이 북인을 몰아내는 건 당연한 순서였다. 이후 서인은 남인을 정치에 참여시키면서 어느 정도 균형을 이루는 모양새를 띠었다.

붕당 정치의 변질

현종 때에 이르러 서인과 남인 사이에 심각한 갈등이 불거졌다. 효종과 효종의 비가 세상을 떠나자, 효종의 계모인 자의 대비가 상복을 얼마 동안 입어야 하는지를 두고 치열한 논쟁이 벌어졌던 것이다.

그러다 숙종이 왕위에 오른 후부터는 공존의 원리가 무너지고, 특정 붕당이 권력을 독점하는 현상이 나타났다. 숙종 초기에는 남인이 권력을 잡았으나, 나랏일을 돌보지 않고 권력 다툼에만 몰두했다.

이를 못마땅히 여긴 숙종이 주요 관직과 군사권을 서인에게 넘겨주면서 남인은 몰락의 길을 걸었다. 그러나 서인 역시 노장 세력인 '노론'과 신진 세력인 '소론'으로 나뉘어 자기 당의 이익을 챙기기에만 급급했다.

그 결과 시시때때로 나라에 우환이 발생하고, 힘이 세진 붕당이 왕권을 약하게 만들기 일쑤였다. 과거 제도 역시 자기 당에 속한 인물을 뽑기 위해 편파적으로 진행되곤 했다.

이렇게 붕당 정치의 폐해가 극에 달했을 때 왕위에 오른 영조는 왕권을 강화하려는 목적으로 '탕평책'을 실시했다. 붕당 정치의 본거지라 할 수 있는 서원을 대폭 정리하고, 문제를 일으키는 이조 전랑의 권한을 축소했으며, 과거 제도를 올바르게 세워 붕당에 상관없이 능력에 따라 인재를 등용하고자 했다.

그 뒤를 이은 정조도 마찬가지! 영조보다 강력한 탕평책을 실시한 결과, 붕당 정치가 한풀 수그러들게 되었다.

하지만 정조가 세상을 떠나자, 어린 왕의 외척들이 득세를 하기 시작했다. 이른바 안동 김씨와 풍양 조씨로 대표되는 세도가들이 권력을 독차지하는데, 이때를 '세도 정치' 시기라고 한다.

이즈음에는 세도가의 이름을 팔면 급제를 하고, 돈을 받으면 관직을 내어 줄 정도로 과거 제도가 유명무실해졌다. 그래서 과거 급제

영조가 성균관 앞에 세운 탕평비. 성균관 앞에 세운 이유는 과거 시험을 준비하던 성균관 유생들마저 붕당이 나뉘어 다투기 일쑤였기 때문이라고 한다.

의 뜻을 접은 실학자들이 과거 제도의 개혁을 강력하게 요구하기도 했다.

태조 이성계로부터 비롯된 조선의 과거 제도는 인재 등용의 장에서 붕당의 도구로, 또 세도가의 돈벌이로 변화를 거듭하다가 제26대 왕인 고종에 이르러 완전히 폐지되었다.

어찌 보면 과거 제도야말로 조선 시대 오백 년의 굴곡진 정치사를 한눈에 들여다볼 수 있는 확대경이라고 할 수 있지 않을까.

대학, 모든 학문이 뻗어 나간 곳
··· 세계 대학의 역사 ···

세워진 지 오백 년이 넘은 성균관은 교육 기관치고 꽤 오랜 역사를 지니고 있다. 그렇다면 성균관이 세계에서 가장 오래된 교육 기관일까? 땡! 오래된 건 맞지만, 정답은 아니다. 세계 최초의 대학으로는 이탈리아에 있는 볼로냐 대학교를 꼽는다.

1088년에 개교를 한 볼로냐 대학교는 학교 이름에 종합 대학을 뜻하는 유니버시티(University)를 맨 처음 사용한 곳이기도 하다. 심지어 세계에서 가장 오래되었다는 자부심으로, 대학교 엠블럼에 '모든 학문이 뻗어 나간 곳'이라고 적었을 정도이다.

영어권에서 제일 오래된 대학교는 영국의 옥스퍼드 대학교로 알려져 있는데, 비공식적으로는 1090년대에 강의를 시작했다고 한다. 현재는 재학생 가운데 삼 분의 일이 유학생인 국제 대학으로, 수십 명의 노벨상 수상자를 배출한 것으로도 명성이 높다.

이외에도 미국에서 가장 오래된 대학교인 하버드 대학교(1636)가 유명하다. 아이비리그에 속하는 미국 최고의 명문 대학으로, 요즘은 미국뿐 아니라 세계 대학 순위에서 최상위권을 기록하고 있다.

프랑스에서 맨 처음 설립된 파리 대학교(1215)는 역사적으로 신학과 철학에서 엄청난 명성을 얻은 세계 최고의 명문 대학 중 하나였다. 하지만 1971년에 교육 개혁을 거치면서 파리의 다른 대학들과 함께 파리1대학교, 파리2대학교…… 하는 식으로 13개의 국립 대학교로 개편되었다.

1500년을 전후해서 유럽에는 칠십여 개가 넘는 대학이 있었는데, 나라에서 공인한 기관이 아니다 보니 성균관처럼 지원을 받거나 졸업 후에 바로 관리가 되는 일은 거의 없었다.

하지만 그만큼 분위기가 자유로워서 가르칠 교수만 있으면 신분의 차이가 무색할 정도로 다양한 사람들이 모여들었다고 한다. 처음에는 정해진 장소도 없이 길거리에서 강의를 하는 식이었다나?

중세 유럽의 대학에서는 주로 신학, 철학, 법학, 의학 등을 가르치고 배웠다고 하니, 법학과 의학 등을 '잡과'로 여겨 상대적으로 중요하게 생각하지 않았던 성균관과는 사뭇 차이가 있다고 하겠다.

1806년경 옥스퍼드 머튼 대학(1264년 설립)의 모습. ⓒwellcome collection

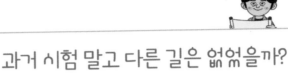

과거 시험 말고 다른 길은 없었을까?

　다른 나라에서는 관리를 어떻게 뽑았을까? 중국, 베트남, 우리나라처럼 한자를 쓰는 문화권은 주로 과거 시험을 통해 선발했고, 그 외의 문화권에서는 대를 이어 물려받거나 인맥을 통해 추천하는 형식으로 관리를 뽑았지.

　최초로 과거 제도를 도입했다는 중국의 과거 시험은 최고로 어렵기도 했어. 조선보다 훨씬 더 무시무시한 게 당연하지. 땅도 무지무지 넓은 데다 그만큼 사람도 엄청나게 많잖아. 그러니 경쟁률이 어마어마할 수밖에!

　그에 반해 서양에는 과거 시험이 없었어. 1900년 즈음까지도 귀족이나 성직자들이 나라를 운영했지. 이들이 관직을 죄다 차지하고 있다가, 나중에 자식들에게 물려주는 방식이었거든. 그러니까 관직을 얻기 위해 시험을 보는 일은 매우 드물다고 봐야 해.

일본은 한자 문화권인데도 관리 선발 방식이 서양과 비슷했어. 각 지역을 쪼개서 '다이묘'라고 불리던 영주들이 다스렸는데, 칼을 잘 쓰는 무사를 관리로 채용했어. 또 영주나 무사들은 자신의 관직을 자식들에게 고스란히 물려주었지.

관리가 되기 위해서 시험을 볼 필요가 없는데 굳이 어려운 공부를 왜 하겠어? 문서를 만들거나 편지를 쓰는 등 글이 필요한 골치 아픈 업무는 따로 고용한 서기들에게 맡겨 버리면 그만이었지.

그래서 조선에서 일본으로 보내던 외교 사절인 통신사들이 일본에 가서 글을 전혀 쓸 줄 모르는 관리들을 만나고는 깜짝 놀랄 때가 많았다고 해. 문화적인 차이이긴 하지만, 글로 피 터지게 경쟁하던 조선의 관리 입장에서는 몹시 당황스러운 일이었겠지.

관직에 나아가는 길

조선 시대에는 과거 시험을 통해서만 관직에 나아갈 수 있었을까? 예외는 전혀 없었을까? 뭐, 세상 모든 일에는 예외가 있는 법. 과거 시험 외에도 관직에 나갈 수 있는 방법이 버젓이 존재했어. 바로 '음서'와 '천거'를 통해서야.

 과거 시험

 음서 혹은 문음

 천거

	과거 시험	음서 혹은 문음	천거
내용	성리학에 대한 학식이 얼마나 풍부한지, 글을 얼마나 잘 짓는지 측정하는 시험을 통해 등수를 매긴 다음 인재를 뽑아 관리에 임명하는 제도야.	음서와 문음에 공통적으로 들어간 글자 '음'이란 그늘을 뜻해. 그러니까 조상이 드리운 그늘, 즉 '조상 덕에 시험 보지 않고 관리가 되는 제도'란 의미야.	학문만 뛰어난 사람이 관직에 오르는 걸 보완하기 위해, 인품이 훌륭하다고 소문난 사람들을 3품 이상의 관리가 삼 년마다 한 번씩 추천하는 제도야.
자격	양인 이상 누구나 응시할 수 있었지. 하지만 실제 응시자는 일을 하지 않아도 먹고살 수 있는 양반이 대부분이었어.	고려 시대에는 5품 이상 관리의 자손이면 누구나 누릴 수 있었는데, 조선 시대에는 2품 이상 관리의 자손만 가능했어.	학문과 인품이 남달리 뛰어난 사람, 효행이 지극한 사람, 성균관에서 공부하는 동안 학업 점수가 높고 성실한 사람 등을 뽑았어.
특징	정1품에 해당하는 영의정 자리까지 오를 수 있었어. 세상에 이름을 날리는 가장 빠르면서 유일한 방법이라고 할 수 있지.	고려 시대에는 음서 출신도 고위 관직에 오를 수 있었어. 하지만 조선 시대 들어서면서 대부분 낮은 직책에만 임용되었지.	과거 시험을 통해 관직에 오르는 사람들과 거의 비슷한 정도로 높은 자리, 그러니까 정3품 이상까지도 오를 수 있었어.
예	율곡 이이를 비롯해 퇴계 이황 등 조선 시대를 대표하는 대부분의 이름난 학자들이 여기에 속하지.	정승이었던 황희의 아들 황수신은 음서로 관직에 임명되어 영의정까지 올랐어. 물론 조선 초기라서 가능했던 일이긴 해.	장영실은 본래 관청에 속한 노비였는데, 손재주를 높이 산 지방관의 천거로 수많은 과학 기구를 발명하고 종3품까지 올랐지.

과거 시험 보고 벼슬해야 떳떳하지

조선 시대에는 과거 시험에 급제해야, 그것도 높은 등수로 급제해야 나중에 정승이니 판서니 하는 높은 관직에 오를 수 있었어. 그렇지 않고 음서로 관직에 오르면 왕실의 묘를 관리하는 등 이름뿐인 관직에 머무르기 일쑤였지. 그래서 음서로 관직에 오른 사람들 대부분은 스스로를 부끄럽게 생각하며 급제할 때까지 계속 시험을 보곤 했어.

천거 역시 마찬가지야. 천거를 통해 높은 관직에 오른 사람들 역시, 여전히 과거 시험을 통해 급제하고 싶어 했어.

선조 때 인물인 유조인은 사람됨이 바르고 학식이 뛰어나 일대의 많은 선비들로부터 존경을 받았어. 그런데 막상 과거 시험만 보면 번번이 떨어지는 거야. 쉰 살이 다 되어서 초시에 한 번 합격했을 뿐, 대과엔 늘 불합격이었지. 결국 예순 살이 넘어 천거를 통해 관직에 등용되었는데, 나중에는 높은 자리까지 오르게 되었어.

그런데 높은 관직을 차지했는데도 불구하고, 가슴 한쪽에는 급제해서 정식으로 관직에 오르지 못했다는 한이 남아 있었나 봐. 원래 정3품 이상의 관리는 과거 시험을 다시 볼 수 없다는 규정이 있는데, 유조인은 정3품이 된 일흔세 살에도 과거 시험을 보고 싶어 했어. 심지

정승과 판서는 어떤 벼슬일까?

정승, 판서, 대감, 영감 등 조선 시대에 높은 관리나 지체 높은 양반을 부르는 호칭은 자못 다양하다. '정승'이란, 나라의 정책을 결정하는 가장 높은 정1품 관직인 영의정, 좌의정, 우의정을 이르는 말로, 이들을 한데 묶어 '삼정승'이라고 한다. 삼정승 중 가장 높은 벼슬인 영의정은 따로 '영상'이라고도 부르는데, 오늘날 국무총리라고 할 수 있다. '판서'란 행정 관청인 육조의 으뜸가는 관직으로 정2품에 해당하는 벼슬이었다. 그러니까 이조의 책임자가 이조 판서였다. 이들을 묶어 '육판서'라고 부르기도 했는데, 오늘날 장관에 해당한다.

대감이나 영감은 정승처럼 벼슬 이름이 아니라, 품계에 따라 부르는 별칭이라고 할 수 있다. 대감은 정2품 이상의 벼슬아치를, 영감은 정3품에서 종2품에 해당하는 벼슬아치를 부르는 말이었다. 그래서 영의정이나 판서는 '~대감'으로 불리기도 했다. 오늘날 노인을 '영감님'이라고 높여 부르듯 정승, 대감, 영감 등의 호칭은 오늘날 우리가 사용하는 말에서도 흔히 찾아볼 수 있다.

어 시험을 보기 위해 자신이 과거 시험에 합격하지 못해 얼마나 한이 남았는지에 대해 구구절절 쓰고, 제발 과거 시험을 보게 해 달라고 임금에게 호소했다나.

과거 시험장에 들어가게 허락만 해 준다면 그 통로가 개구멍일지라도 기꺼이 가겠다고 했을 정도니까, 얼마나 절박했는지 느껴지지? 하지만 결국 대과를 통과하지 못하고 일흔일곱의 나이로 한 맺힌 생을 마감하고 말았어.

과거 시험이란 이렇게 어렵고, 누구나 성취하기를 바라는 목표였던 셈이야. 그런데 말이지, 조선 선비라면 누구나 목숨 거는 과거 시험을 거부한 천재가 있었다고 해. 멍청한 바보거나 엄청난 용자거나, 둘 중 하나일 테지? 그 인물을 초대해서 어디 한번 물어보자고!

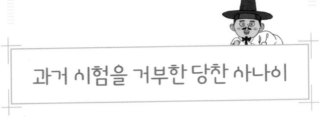

과거 시험을 거부한 당찬 사나이

    과거 시험 따위 개나 줘 버리라지. 나는 연암 박지원이다! 내가 누군진 몰라도 《열하일기》는 들어 봤겠지. 이백 년이 지난 지금도 베스트셀러라던데, 아니더냐? 시대를 뛰어넘는 명문장을 남겼으니, 내가 아니면 누가 천재란 말이냐?

    그런 내가 과거 시험을 왜 거부했냐고? 나의 쭉 찢어진 눈과 무서운 얼굴, 쩌렁쩌렁 울리는 목소리를 듣고도 그런 질문을 하다니, 너야말로 바보거나 쓸데없이 용기가 넘치는 모양이로구나. 지금부터 내가 왜 과거 시험을 거부했는지 세 가지 이유를 알려 주마!

틀에 박힌 형식은 NO!

첫 번째, 틀에 박힌 것을 질색하는 내 성격 때문이다.

나는 양반들이 점잖 빼는 것도 싫고, 정해 놓은 규칙대로 마땅히 따라야만 하는 것도 싫다. 어찌어찌하라고 강요하면 일부러 거꾸로 하는 성미니까. 나는 내가 경멸하는 자는 양반이라도 투명인간 취급을 하고, 내가 좋아하는 자라면 백정이라도 기꺼이 마주 앉아 담소를 나누곤 한다. 이게 세상 사는 맛이지!

그런데 과거 시험은 정해진 것만 공부하고 정해진 대로만 답을 쓰도록 되어 있다. 제22대 정조 임금께서 내 자유분방한 문장을 꾸짖으며 반성문을 쓰라고 했지. 반성문을 쓰면 벼슬을 주겠다며 꾀기까지 했다니까? 하지만 나는 이마저 거부하고 내 멋대로 글을 썼다. 그러니 틀에 박힌 옛 문장만 요구하는 과거 시험이 내게 맞을 리가 있나.

문체 반정의 그림자

문체 반정이란, 개인의 개성이 드러나는 자유로운 문체를 버리고, 옛 글의 문체를 되살리자고 권장한 정조의 문화 정책이다. 정조는 버려야 할 문체를 사용한 대표적인 책으로 《열하일기》를 꼽았는데, 이는 당시 권력을 잡고 있던 노론 세력을 견제하기 위한 조치였다는 설이 있다. 정조는 선풍적인 인기를 끈 《열하일기》의 작가 박지원에게 '반성문'을 쓰라고 요구했는데, 그렇게만 하면 벼슬을 주겠다고 한 것으로 보아 크게 벌을 주려는 의도는 없었던 듯하다. 조선 역사에서 훌륭한 왕으로 손꼽히는 정조이지만 문체 반정만큼은 그다지 좋은 평가를 받지 못하고 있다. 조선 후기에 한창 꽃피우던 한문 문학의 발전을 한 발짝 후퇴시켰기 때문이다.

너희 후손들도 짧게, 문답식으로 문장을 쓰는 게 유행이라 들었다. 하지만 내가 너희 시대에 태어났으면 한껏 방황했을지도 모르겠구나. 글은 그 사람의 인격을 보여 주기 마련이건만, 요즘엔 아름다운 글이 아니라 단지 남을 비방하기 위해 쓰는 글이 넘쳐 난다지? 마구잡이로 쓴다고 개성이 넘치는 게 아니건만……, 쯧.

아무튼 그렇게 과거 시험을 포기하면서 나는 두 가지를 얻었다. 하나는 틀에 박힌 문장을 버린 채 맛깔나고 재미있는 문장을 얻었다는 것이고, 다른 하나는 그렇게 얻은 문장으로 기상천외한 이야기를 만

나는 자유로운 영혼. 낡은 가치를 거부하고 틀에 얽매이지 않는 글을 쓴다!

문체가 너무 재미있어서 문제다. 반성문을 쓰거라. ㅋㅋㅋㅋ

초대박 베스트셀러, 《열하일기》

《열하일기》는 연암 박지원이 조선의 사신단을 따라 청나라 열하에 다녀온 것을 기록한 기행문이다. 1780년(정조 4년), 마흔네 살의 박지원은 청나라 건륭제의 칠순 잔치를 축하하는 사신 일행에 끼어 청나라를 방문하게 되는데, 압록강을 건너 선양을 거쳐 산해관을 지나 청나라의 수도인 북경에서 황제의 별궁이 있던 열하까지 다녀온 약 육개월간 각종 기록을 남긴다. 여기에는 청나라의 선진 문물뿐 아니라, 각 지역 명사들과 만남, 그리고 이에 빗대어 조선의 사회 문제까지 다루고 있는데, 정치·경제·종교·지리·인물 등 다양한 분야를 총망라해서 기록해 당시에도 크게 화제가 되었다. 《열하일기》는 총 26권으로 이루어져 있는데, 그 안에 〈호질〉〈허생전〉 등 뛰어난 단편이 실려 있어 그 당시 한문 문학의 수준을 한 단계 발전시켰다고 평가받는다. 박지원이 귀국한 후 완본이 채 나오지도 않았는데, 수 종의 필사본이 시중에 떠돌 정도로 큰 인기를 끈 베스트셀러였다.

들었다는 것이다.

내가 쓴 한문 소설 〈허생전〉이나 〈호질〉, 그리고 이 두 이야기가 들어 있는 조선 최고의 베스트셀러 《열하일기》를 읽은 사람들은 밤을 새느라 피곤에 쩔고, 웃느라 입이 찢어졌다는 소리를 심심찮게 하곤 했다.

편 갈라 싸우는 양반들 NO!

내가 과거 시험을 거부한 두 번째 이유! 편 갈라 싸우기만 일삼는 양반들의 모습이 싫어서다. 혹자는 내가 '과거 시험에 붙을 자신이 없어 피해 다닌 게 아니냐?'고 하더군. 그 녀석을 만나면 신참례는 애교일 정도로 혼쭐을 내줄 테다.

자랑 같지만 내 배경에 대해 조금 설명해 줘야겠군. 나는 우리 시대, 그러니까 조선 후기 손꼽히는 가문의 자손이자 권력을 꽉 잡고 있던 노론 핵심 집안의 후계자였다. 내가 관직에 나서려고 마음만 먹었으면 청요직은 물론이요, 초고속 승진까지 따 놓은 당상이었지!

그럼 음서나 천거로 올라갈 거냐고? 지금 내 글 솜씨를 의심하는 겐가? 조선은 물론이요, 중국의 청나라에서까지 내 글을 보고 싶어 안달하던 초일류 베스트셀러 작가인 내 실력을? 맛깔 나는 문체도 이렇게 술술 잘 쓰는데, 옛 책에 적힌 문체 따위를 못 쓰려고.

사실 얘기 안 하려 했는데, 나로 말할 것 같으면 처음 응시한 소과 1차, 2차 시험에서 모두 장원을 휩쓴 기대주였다. 아무튼 집안이나 실력이 부족해서 과거 시험을 거부한 게 아니라는 말씀!

허면 왜 그다음 시험부터 백지 답안지를 내고, 답안지에 요상한 그림을 그려 제출했냐고? 양반들에 대한 염증 때문이지. 집안도 대단한 데다가 소과에서 장원을 하고 나니 그새 엄청 유명한 사람이 되어 있더구나. 임금이 직접 소리 내어 내 답안지를 읽을 정도였으니……, 데뷔하기 전부터 엄청난 기대를 받은 셈이지.

그다음부터 시험관들은 먼저 내 답안지를 채점하려고 서로 다투었다. 즉, 나를 통해 자신들의 명성을 떨치려고 한 거지. 또 당파 싸움에서 우세했던 노론 세력들은 나를 포섭하려고 물불 안 가리고 덤벼들었고, 반대로 노론을 싫어하는 세력들은 아직 급제도 하지 않은 나를 헐뜯으려고 야단이더군. 나는 그런 진흙탕 싸움이 무지무지 싫었다. 으, 싫다, 싫어! 지금 생각해도 진짜 싫다!

과거 시험보다 더 중요한 것, YES!

내가 과거 시험을 거부한 세 번째 이유는 과거 시험보다 더 중요한 것을 발견했기 때문이다. 나는 백지 답안지를 몇 번 내고는 다음부터 아예 과거 시험에 응시하지도 않았다. 대신 산으로 들로 돌아다니며 내가 무엇을 해야 할지 고민했지.

그러곤 결국 한양에 돌아와 나에게 맞는 일을 벌였다. 뜻을 같이하는 동료들을 모아 일명 '백탑파'를 결성한 뒤, 실생활에 도움이 되는 학문인 '실학'을 연구했거든.

백탑파가 조폭 조직이냐고? 크하하하, 그리 생각할 수도 있겠구나. 하지만 실상은 전혀 다르다. 백탑은 한양을 대표하는 건축물인 원각사 십층 석탑을 가리키는데, 흰색 탑이다 보니 사람들이 백탑이라고 부르곤 했지. 이 백탑 근처에 사는 사람들이 모인 모임이라고 해서 백탑파라고 부르게 된 게다.

회원은 박제가, 유득공, 홍대용, 이덕무 등이었다. 우리는 만났다 하면 조선을 어떻게 발전시켜서 백성들을 더 잘 살 수 있게 할 것인지를 고민했다. 특히 청나라에 다녀온 뒤에는 조선을 부강하게 할 방법

중 하나로 청나라 문물을 배우자는 논의를 자주 했지. 그렇게 북쪽 문물을 배우자고 주장했다 해서 '북학파'라고도 불렸다.

당시 조선의 관리들은 실생활에 별 도움이 되지 않는 글공부만 주구장창 한 탓에, 힘들이고 공들여서 급제해 나랏일을 맡아도 백성들에게 실질적으로 도움이 되는 게 무엇인지 전혀 모르는 경우가 태반이었다.

그런데도 그들은 과거 시험을 보지 않는 나를 외려 비웃곤 했다. 실력이 없다며 폄하하기도 했고. 하지만 용이 물고 있는 여의주와 개똥구리가 굴리는 개똥 중 어느 것이 더 귀하고 어느 것이 더 천하다고 쉽게 판단할 수 있을까? 용의 입장에서는 여의주가 귀하고, 개똥구리 입장에서는 개똥이 더 귀한 법인데 말이다.

여기서 잠깐!

실학파, 개혁을 외치다

17세기에 들어서면서, 현실의 문제들을 해결하고 탐구하려는 사람들이 등장했다. 이들은 주로 과학과 지리, 상업과 군사 등을 중요시하면서 백성들의 생활이 나아지는 방법에 대해 고민했는데, 이렇게 등장한 새로운 학문의 경향을 '실학'이라고 부른다. 유형원, 이익, 정약용, 홍대용, 박제가, 박지원 등으로 대표되는 실학자들은 신분제 철폐, 공평한 토지 분배, 기술 혁신, 상공업 진흥 등을 주장했다. 또한 청나라를 방문하거나, 손수 도구를 만들거나, 직접 책을 펴내는 등 활발한 활동을 벌였다. 물론 실학자들은 대부분 권력을 차지하지 못한 주변 세력이었기에, 현실을 변화시키기는 상당히 어려웠다. 하지만 이들의 생각은 독자적인 우리 문화를 형성하는 데 큰 영향을 끼쳤다.

그래, 어떠냐 후손들아? 이백 년도 더 흘렀으니, 이제는 실제 생활 도움이 되는 시험을 쳐서 뽑힌 관리들이 백성들에게 도움이 되는 정책들을 팍팍 펼치고 있겠지? 매일같이 새로운 문장이 만들어지고, 이를 또 쉬이 받아들이는 걸 보면, 백성들도 꽤나 깨어 있을 것 같은데 말이다.

하여간 나는 과거 시험보다 백성들이 잘 먹고 잘 사는 데 도움이 되는 학문이 훨씬 더 중요하다고 여겼다. 과거 시험 따위 개나 줘 버리라지!

시험장에서 이러시면 아니 됩니다

우아, 연암 박지원이 글만 잘 쓰는 줄 알았더니, 말도 그냥 줄줄 달변이네. 그나저나 답안지에 그림을 그려 제출했다니, 당시 과거 시험장에서 무슨 일이 있었던 걸까?

요즘에는 어떤 시험장이든 휴대폰을 가지고 들어갈 수 없어. 남의 답안지를 힐끔힐끔 훔쳐볼 수 없는 건 두말할 필요 없지.

옛날 과거 시험도 마찬가지였어. 당시 상황에 맞는 다양한 금지 사항들이 있었거든. 그래도 과거 시험에 합격하고자 하는 마음이 너무나 절박했던지, 부정행위가 끊이지 않았다고 해.

특히 과거 시험을 보려는 사람들이 엄청나게 늘어난 조선 후기에는 너무 많은 부정행위가 저질러지는 바람에 급제자를 발표하고 나서 시험을 다시 보는 일도 많았지. 앞서 등장했던 박지원이 왜 그렇게 과거 시험을 고깝게 여겨 낙서만 하다가 나왔는지 이해가 가기도 해.

그럼 조선 시대 과거 시험장에서 벌어진 부정행위에는 어떤 것이 있는지 살펴볼까?

베껴 쓰고 대신 봐 주고

제일 흔한 게 남의 답안지 훔쳐보기야. 원래는 남이 쓴 답안지를 볼 수 없을 정도로 멀리 떨어져 앉아야 하는데, 시험 보는 사람들이 워낙 많다 보니 조금씩 붙어 앉게 되었지. 그렇게 따닥따닥 붙어 앉으니 남의 답안지가 잘 보이게 되고, 마침 답을 쓰는 사람이 실력 있어 보이면 그냥 보고 베끼는 거지, 뭐.

남의 것만 보는 게 아니야. 아예 책을 펴 놓고 답을 쓰기도 했어. 만

명이 넘는 사람들이 빼곡히 앉아 있다 보니, 책을 꺼내 보는 것쯤은 아무 일도 아니었거든. 한 응시자가 남긴 경험담에 따르면 과거 시험 장이 책방 같았다고 하니 할 말 다했지.

요즘도 시험 보기 전에 미처 못 외운 공식을 몰래 책상에 써 놓은 응시생들이 있는데, 오백 년이나 된 구닥다리 방식을 쓰고 있는 셈 이야. 아니, 오백 년이나 썼으면 그만큼 효율적이라는 건가?

아예 다른 사람이 시험을 대신 보기도 했어. 돈 있는 가문의 자식들은 학식 높은 사람을 구해서 대리 시험을 치르게 했지. 요즘처럼 얼굴이 찍힌 신분증이 있는 것도 아니다 보니 의외로 손쉬운 일이었어. 단, 나중에 의심을 사는 경우가 비일비재했지.

그래서 급제를 했는데 무언가 의심이 간다고 여겨질 경우, 임금님 앞에서 다시 답을 쓰게 하는 일이 점차 늘어났어. 근데

한 글자도 제대로 못 써서 무효가 되는 일
이 많았다나.

또, 답안지를 바꿔치기한 경우도 있었
어. 답을 거침없이 쓱쓱 쓰는 사람들을 눈
여겨봐 두었다가, 그 사람이 연습 삼아 쓴
답안지를 몰래 주워 자기 것과 바꿔치기
하는 방법이지. 심지어는 대담하게도 답안지 주인이
잠시 한눈을 팔고 있을 때, 자기 것이랑 슬쩍 바꿔치
기를 하기도 했대.

시험 문제 유출에서 부정 채점까지

미리 예상 답안지를 써 오는 일도 있었어. 답을 쓸 종이는 응시자
들이 사 와야 했기 때문에, 답안지에 예상되는 문제에 대한 답을 미리

써 놓았다가 시험장에서 마무리만 했던 거지. 근데 예상했던 문제가 안 나오면 어떻게 했으려나? 종류별로 답안지를 열 개 정도 마련했던 걸까?

문제 유출도 큰 문제였어. 요즘 대학 수학 능력 시험에서는 문제를 출제하는 출제자들은 시험이 끝날 때까지 밖으로 나오지 못하게 되어 있잖아. 하지만 조선 시대에는 문제를 내고 나서 자유롭게 돌아다닐 수 있었지. 그럼 일절 입을 열지 말고 과거 시험이 끝날 때까지 기다려야 하는데, 자기 집안의 응시자나 당파 사람들에게 문제를 미리 알려 주는 거야.

그래서 어이없는 일이 발생하기도 했어. 한번은 외워서 대답해야 하는 최종 시험에서 예비 합격자들을 앉혀 놓고 경전의 한 부분을 외우라고 했더니, 한 팀으로 보이는 대여섯 명이 한 대목씩 돌아 가며 막힘없이 좔좔 외우더래.

이게 바로 출제 문제일세.

오호라~, 레알?

그런데 미심쩍어서 순서를 바꿔 외워 보게 했더니 한 자도 모르더라나? 구술 시험 문제가 어디서 나올지 미리 다 알려 준 거지. 그래서 각자 맡은 부분만 주구장창 외워 온 거였어.

시험을 관리하는 아전을 미리 매수하는 사람도 있었어. 응시자

아전을 매수해서 급제자 답안지에 내 이름을…….

가 아전으로 변장하고 답안지들을 모아 놓은 창고로 들어가 자기 답안지를 남의 답안지와 바꿔치기하는 거야. 종이를 칼로 긁어 원래 글자를 없앤 뒤, 그 위에 자기 조상과 자신의 이름을 적어 넣는 식이지. 그런데 어떤 칠푼이가 외할아버지 이름을 까먹고 못 쓰는 바람에 들키고 말았다지 뭐야.

돈 받은 값은
……해 줘야지.

마지막 부정행위는 답안지의 부족한 부분을 채점자가 직접 써 주는 방법이야. 원래는 채점자가 누구 답안지인지 알 수 없도록 답안지의 이름과 신상을 적은 부분을 잘라서 따로 보관했어.

하지만 답안지에 채점자와 응시

자가 서로 짠 암호를 적어 표시해 놓으면, 이름 쓴 부분이 없어도 누구 답안지인지 쉽게 알 수 있었지. 그럼 채점자는 미리 약속한 대로 몰래 응시자의 답안지에 빈 부분을 채워 넣고 점수를 후하게 주었어.

부정행위자, 곤장 60대를 쳐라!

이렇게 부정행위가 이루어지면 때때로 대대적인 조사가 벌어지기도 했어. 나쁜 짓에 가담했다는 게 밝혀지면 관계자들은 모두 벌을 받았지. 원래 감옥에 삼 년 동안 갇히거나 곤장 60대를 맞도록 되어 있었는데, 권세가의 자식이 짜고 쳐서 급제를 한 경우에는 제대로 밝혀지지 않을 때가 많았다고 해.

예나 지금이나, 모든 사람이 중요하다고 여기는 시험에는 부정행위가 생겨날 수밖에 없나 봐. 실력이나 적성에 맞지 않는 사람이 '출세'만 보고 달려드니 그런 결과가 생기는 것 아닐까? 물론 과거 시험 하나에 가문과 인생의 모든 것을 걸어야만 했던 조선 시대의 분위기도 고려해야겠지만.

어쨌든 세상 사람들은 권세가의 부정행위를 뻔히 알고도 조롱만 할 뿐, 실제로 어떤 조치를 취하지는 못했대. 대신 시간이 흐를수록 과거 제도 자체에 대한 불만이 점점 커져 갔지.

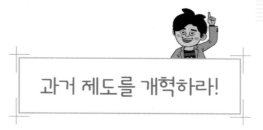

과거 제도를 개혁하라!

　과거 제도가 점점 썩어 간다니 마음이 아프군. 아무튼 조선 후기에 들어서면서 과거 제도를 고치자는 목소리가 높아졌다고 해. 그런데 부정행위를 막는 게 아니라, 천거로 관리를 뽑자고 주장했다는데? 그러면 오히려 실력 있는 사람들이 관리가 되기 힘들어지는 거 아닌가?

　"알파봇! 대체 무슨 주장을 하는지 한번 들어 봐야 할 것 같은데, 준비되었니?"

　"전 똑똑한 인공 지능인데도 무슨 말인지 잘 이해가 안 되네요. 왜 과거 시험 대신 천거로 관리를 뽑자는 걸까요? 흠……, 그럼 조선 후기 과거 제도에 대해 토론할 사람들을 몇 분 모셔 와 볼게요. 세도가

님, 불만가 님, 실학자 님 입장해 주세요!"

끝장 토론, 과거 제도를 진단하다

세도가

허허! 말세야, 말세. 과거 제도가 싫다고 시험을 없애자니. 아니, 정당하게 시험을 보고 관리가 되는 게 무슨 문제가 있단 말이오? 막말로 오백 년이 지나서까지도 잘 써먹고 있다고 방금 그러지 않았소?

불만가

과거 시험 자체를 없애야 한다고 보지는 않습니다만, 여러 문제점이 있는 것도 사실입니다. 첫째, 과거 시험이 너무 정해진 것만 묻고 답하니 오히려 깊이 있는 공부를 하지 않게 됩니다. 둘째, 응시자가 많아 채점할 답안지가 너무 많다 보니, 채점자들이 먼저 낸 답안지만 채점하는 문제가 생기곤 합니다. 셋째, 아무나 시험을 보러 몰려오니 시험 장이 난장판이 됩니다. 넷째, 돈 있고 힘 있는 사람이 학식 있는 사람을 사서 대신 시험을 보게 하는 일이 많아졌습니다. 과거 시험으로 능력 있는 사람을 뽑는다는 게 옛말이 되어 버린 셈입니다.

실학자

그렇소! 과거 시험을 천 년 가까이 치르다 보니, 시험 문제가 빤해져서 정해진 것만 외우면 되는 분위기로 바뀌었소. 그러니 오로지 예상 문제만 파고 공부한 내용을 어떻게 활용할 것인가는 고민하지 않게 된 것이지요.

그리고 시험 보는 사람도 많아졌는데, 응시자들이 데리고 오는 사람들까지 늘어나 시험장에서 밀리고 넘어져 밟히는 사람이 셀 수 없을 정도입니다. 과거 시험을 거부했던 박지원은 아들들에게 과거 시험을 보러 가더라도 급제 여부가 중요한 게 아니니, 밟혀 죽지나 않게 조심하라고 늘 당부했답니다. 그만큼 시험장이 엉망이라는 말이지요.

세도가

밟혀 죽기 싫으면 대리 시험 칠 사람을 구해 보면 어떻소? 나는 저번에 우리 귀한 아들이 과거 시험 보러 갔다가 사고를 당할까 봐 걱정이 되어서, 평소에 학식이 있다는 사람들을 우리 집에서 먹이고 재우며 잘 대접하다 과거 시험을 대신 봐 달라고 부탁했지요.

왜 그렇게 쳐다보는 거요? 내가 무어 잘못한 게 있다고? 당신도 나처럼 돈 많고 권력 있었으면 똑같이 했을 거 아니오? 그리고 어차피 이제 과거 시험 자체가 공정하다고 믿는 사람도 거의 없지 않소?

영조와 정조의 과거 제도 개혁

불만가

그거 자랑이 아니거든요? 세상 사람들이 그렇게 급제한 댁의 아들을 뒤에서 비웃는다는 거 모르십니까? 임금님들도 그런 행태가 잘못되었다며 과거 시험이 공정하게 이루어질 수 있도록 무던히 애를 써 왔지요. 제21대 왕인 영조 임금은 권세가의 자제들이 번번이 장원을 차지한다는 사실을 알고 나서, 채점할 때 절대 답안지에 적힌 이름을 열어 보지 말라고 엄명을 내리지 않았습니까?

실학자

듣자 하니 하찮은 집안 출신이 급제했다는 사실에 항의하는 뜻으로, 현직 관리들이 축하 행사에 참가하지 않았다면서요? 그게 학문을 했다는 사람들이 할 짓입니까?

세도가

아니, 이 사람들이. 그러면 다른 방법이 있소? 시험 없이 관리를 뽑으면 우리야 좋지. 어차피 관리를 채용하는 사람들이 다 우리 사람인데 뭘 새삼스럽게…….

실학자

그래서 우리 실학자들은 이런 제안을 합니다. 과거 시험을 볼 때 최종적으로 임금이나 관리가 직접 응시자의 얼굴을 보고 확인한 뒤에 뽑자고요. 어차피 나중에 꼼꼼하게 실력을 확인한다는 사실을 알게 되면 처음부터 시간과 공을 들여 부정행위를 하려는 사람들이 줄어들겠지요.

한 가지 더! 기본 경전을 어느 정도 외우는지 시켜 보고, 그걸 통과해야 과거 시험을 볼 수 있는 자격을 주자고 주장하는 바입니다. 그래야 글자를 하나도 모르는 사람들이 불법으로 시험 자격을 얻지 못하게 되겠지요.

불만가

정조 임금이 그런 주장의 일부를 받아들여 아무나 시험을 볼 수 없게 하고, 기본적인 경전을 외웠는지 질문을 한 후 통과해야만 응시 자격을 주고, 시험장에서 반드시 본인이 시험을 보는지 확인하도록 하는 개선안을 발표했습니다. 하지만 세도가들이 계속해서 트집을 잡아 완벽하게 개혁하지는 못했지요.

실학자들이 본 과거 제도의 폐단

실학자

사실 저희는 과거 시험 자체가 쓸데없는 짓이라고 봅니다. 정해진 형식만 달달 외워서 시험을 보는 게 무슨 소용이 있으며, 글을 잘 짓는 재주가 백성을 다스리는 일에 어떤 도움이 되겠습니까? 또 글을 잘 짓고 글씨를 잘 쓰는 사람이 반드시 인격이 훌륭하고 지혜로운 사람이라고 볼 수도 없지요. 이미 많은 사례들이 증명하고 있듯이 말입니다.

세도가

아니, 그렇다고 글을 모르는 사람이 똑똑한 건 또 아니잖소? 그래도 글을 잘 알고 학문이 뛰어날수록 일을 잘할 확률도 높겠지. 공부를 잘한다는 건 머리가 좋다는 것이요, 머리가 좋으면 나랏일도 잘할 수 있는 거 아니겠소? 어, 이거 내가 얘기하고도 무지무지 논리적인데? 어쨌든 과거 제도가 생긴 이래 우리는 머리가 좋은 걸 기준으로 일을 잘할 사람을 뽑아 왔고, 사소한 문제는 있었을지언정 큰일이 난 경우는 한 번도 없었지.

불만가

문제는 머리가 좋은 사람을 뽑는 게 아니라 당신네들 세도가의 자제만 뽑으려고 갖은 수를 쓰지 않습니까?

세도가

뭣이라! 당신네들?

실학자

세도가들은 어차피 공정하게 일할 사람을 뽑을 의지가 전혀 없습니다. 그러느니 아예 과거 시험을 폐지하고, 천거를 통해 관리를 뽑아야 합니다. 아무나 추천을 해서 뽑자는 게 아니라, 이미 현명하고 덕망이 있다고 검증된 사람을 관리들이 논의해서 추천하면 임금이 검토한 후 뽑는 거지요. 대신 관계자가 가족이나 친척, 같은 고향 사람을 추천하는 건 무효입니다.

불만가

뭐, 아예 과거 제도를 폐지하고 천거만 실시하기는 그렇고……. 지금처럼 과거 제도를 일부 보완하는 방향에서 천거를 실시하는 건 저도 찬성입니다.

본격적으로 과거 제도의 폐단이 생기기 시작한 조선 후기, 놀랍게도 과거 제도를 고집한 사람들은 오히려 세도가들이었어. 실학자들의 실용적인 방안이 받아들여졌다면 어떻게 되었을까?

따지고 보면 오늘날 우리가 학급 회장이나 국회의원, 나아가 대통령을 뽑는 방법도 천거와 비슷해. 물론 학급 구성원이나 국민이 투표를 하느냐 안 하느냐의 차이가 매우 크지만 말이야.

아무튼 집안이나 배경 상관없이 능력만 보고 뽑자는 취지에서 실시하는 게 과거 시험인데, 가문이 빵빵한 금수저들은 과거 시험을 보자고 하고 오히려 보잘것없는 집안의 흙수저들이 과거 시험을 없애자고 하다니……. 뭔가 잘못돼도 한참 잘못되었어.

슬프다, 슬퍼! 혈통보다는 능력을 보고 선발하자며 실시한 과거 시험이 권세가의 자제들만 뽑는 제도로 이용되다니 말이야.

시대가 변하면 시험도 변한다
··· 조선 후기 과거 제도의 변화 ···

과거 제도의 흔적은 지금 우리가 흔히 사용하는 단어에서도 찾아볼 수 있다. '압권(壓卷)'이라는 말은 원래 '종이를 누른다.'란 의미이다. 과거 시험 채점이 끝나면 제일 뛰어난 답안을 맨 위에 올려 임금에게 바쳤는데, 맨 위의 답안지가 다른 것들을 모조리 누르고 있으니 바로 압권인 셈. 그래서 오늘날에는 '혼자 월등히 뛰어나다'는 뜻으로 종종 쓰인다.

'관광(觀光)'도 마찬가지. 말 그대로는 '빛을 본다'는 뜻인데, 조선 시대에 빛은 임금을 가리키는 말이었다. 그래서 과거 시험에 급제해 임금의 얼굴을 보고 오겠다는 뜻으로 '관광하러 간다'고 했단다.

재미있는 건, 많은 선비들이 게를 그린 그림을 간직하고 있었다는 사실이다. 게는 '갑'각류인데, 과거 시험에서 장원을 '갑'과 합격이라고 불렀기 때문에 음이 같아 부적 역할을 했다나. 요즘 수험생에게 잘 찍고 잘 풀라는 의미로 포크와 휴지를 선물하는 것과 비슷하다고 할 수 있겠다.

흔들리는 과거 제도
게를 그린 그림을 몸에 지닐 정도로 정원 급제에 모두가 목을 매던 조선 전기와 달리, 조선 후기가 되면서 과거 제도에 대해 다른 생각을 하는 사람들이 늘어났다. 대표적인 인물이 실학자들이다.

이익, 정약용 등의 실학자들은 대체로 권력의 중심부에서 밀려나 고향에서 학문과 교육에 힘쓰던 남인의 후손이었다. 이들은 과거 제도가 붕당의 권력 다툼에 휩쓸려 인재 발굴이라는 원래 목적에서 점점 멀어져 가고 있다고 비판하며, 과거 제도를 개혁하자고 주장한다.

하지만 강력한 탕평책 아래 이들을 적극적으로 등용하던 정조가 갑작스레 세상을 떠나면서, 실학파는 힘을 잃고 정치계에서 완전히 밀려나고 만다. 동시에 세도 정치가 성행하면서, 돈을 받고 공공연히 관직을 파는 등 과거 제도의 기능이 거의 정지할 정도에 이른다. 조선을 떠받치던 기둥 중 하나가 흔들리기 시작한 것이다.

과거 제도 이후의 인재 등용

실학자들이 퇴장하고 얼마 지나지 않아, 결국 과거 제도는 막을 내리게 된다. 과거 제도의 폐단이 너무 심해서 개혁을 위해 없애 버린 것! 시험 과목 자체가 근대 시대에 맞지 않는다는 것도 폐지된 이유 중 하나였다.

1894년, 과거 제도가 폐지되고 '고등 문관 시험'이 실시되었다. 행정관, 외교관, 판사나 검사를 뽑는 현대식 고급 관리 선발 시험이었는데, 주로 헌법, 민법, 행정법, 국제법 등 법률과 외국어 능력에 대한 필기시험을 치렀다. 문관 시험이 과거 제도를 대신하게 된 것이다.

일제에게 주권을 빼앗긴 20세기 초, 경성제국대학(지금의 서울대학교)에 입학하는 게 난이도가 높기로 유명한 고등 문관 시험을 통과하는 가장 손쉬운 코스가 되었다. 그러자 이번에는 경성제국대학에 입학하기 위해 치열한 경쟁이 시작되었다!

사실 일본은 같은 한자 문화권이지만 시험을 통해 관리를 뽑은 기간은 매우 짧은 편이었다. 그러다 보니 1800년대 후반, 서구에서 시험으로 관리는 뽑는 제도를 모방해서 고스란히 들여오게 된다.

대충 짐작이 가는지? 동아시아의 과거 제도에 영향을 받아 만든 서구의 관리 선발 제도를 일제가 조선에 정착시킨 것이다. 돌고 돌아 모양만 다른 과거 제도가 다시 들어왔다고나 할까? 아무튼 일제 강점기를 지나며 자리를 잡은 고등 문관 시험은 최근까지도 '사법 시험(2017년에 폐지할 예정이었으나, 사회적으로 논란이 일자 2019년 4월 현재까지 보류 상태이다.)'과 '행정 고등 고시(5급 공무원 공개 채용 시험 중 하나)'라는 이름으로 남아 있다.

1929년에 첫 졸업생을 배출한 경성제국대학 법문학부의 1930년 모습. 일제 강점기에 조선 사람이 출세할 수 있는 유일한 방법은 경성제국대학을 나와 고등 문관 시험에 합격하는 것이었다. ⓒ서울역사박물관

인재를 모아 세상에 내보내다
··· 세계의 대학 입학 시험 ···

일제 강점기에 경성제국대학이 출세를 위한 지름길 역할을 했듯이, 이후로 대학은 교육 기관의 역할을 넘어 정치·경제·문화적으로 사회에 커다란 영향력을 끼치게 되었다. 그러다 보니 대학 입시가 과거의 과거 시험만큼 경쟁이 치열해질 수밖에. 그럼 성균관보다 더 오랜 역사를 지닌 세계 여러 나라의 대학들은 어떤 길을 걷고 있을까?

세계 대학의 터줏대감, 영국

영국에는 약 170여 개의 대학이 있다. 유명한 대학으로 옥스퍼드 대학교와 케임브리지 대학교가 있는데, 이 둘을 하나로 묶어 '옥스브리지'라고 부르기도 한다. 수많은 노벨상 수상자를 배출해 전 세계에서 지원자가 줄을 서는 국제적인 대학이기도 하다.

영국은 대학에 입학하기 위해서 고등학교 성적, AS/A 레벨 성적, 자기소개서, 추천서 등이 필요하다. 입학 경쟁률은 평균 5~10 대 1 정도. 영국에서는 귀족 또는 명문가 자녀들이 주로 다니는 사립 고등학교 출신들이 상당히 높은 비율로 명문대에 진학한다. 조선 시대 유명 양반가 자제들이

유서 깊은 옥스퍼드 대학교 강당. 현재는 교직원 식당으로 사용하고 있다고 한다. 영화 〈해리 포터〉의 실제 배경으로 유명하다.

성균관에 대거 입학했던 장면과 겹쳐 보인달까?

영국의 대학교 입학 제도와 대학 운영 시스템을 다른 나라에서 도입하는 경우가 상당히 많다. 오랜 역사와 전통을 자랑하는 대학들이 많아서이기도 하지만, 전 세계 곳곳에 영연방 국가를 건설했던 역사(?) 덕분이기도 하다. 호주와 뉴질랜드, 말레이시아, 싱가포르 등 영연방이었거나, 지금도 영연방에 속한 나라에서는 영국과 똑같은 입시 제도를 채택하고 있다.

인재로 세계를 호령하다, 미국

흔히 미국을 신대륙이라고 부르니까 미국의 대학마저 역사가 짧을 거라고 생각할 수도 있겠다. 하지만 세워진 지 이미 사백여 년이 된 대학들도 있다. 특히 '아이비리그'라 불리는 미국 북동부의 여덟 개 대학이 세계적으로 유명하다. 하버드 대학교, 예일 대학교, 프린스턴 대학교, 코넬 대학교 등은 영국을 능가할 정도로 수많은 노벨상 수상자와 유명 인사들을 배출한 곳이기도 한다. 또 동문들의 기부금으로 이루어진 막대한 예산을 투입해, 전 세계에서 유능한 인재들을 끌어모으는 걸로도 잘 알려져 있다.

미국의 대학은 각 대학교별로 학생을 선발하는 기준이 조금씩 다르다. 기본적으로 고등학교 4년 정도의 내신 성적, 우리나라 수능과 같은 SAT 시험 점수, 특별 활동 내역, 에세이, 추천서 등이 필요하다. 세계 곳곳에서 지원하다 보니 경쟁률이 20 대 1을 훌쩍 넘기도 한다.

떠오르는 신흥 강자, 중국

중국은 세계 최초로 과거 제도를 시작한 나라이지만, 현대적인 대학교가 처음 들어선 건 1898년이다. '국자감'이라는 성균관과 같은 교육 기관을 계승한 게 바로 중국 최초의 종합 대학인 국립 베이징 대학교이다.

중국은 우리나라처럼 대학 수학 능력 시험과 비슷한 가오카오(대학 입학 전국 통일 시험)를 치른다. 보통 천만 명 내외가 치르고, 가오카오 성적만으로 대학 입학생을 뽑기 때문에 치열하기로 악명 높다. 세계적인 명문대로 손꼽히는 베이징 대학교의 경우 약 2,000대 1의 경쟁률을 보인 적이 있을 정도다.

중국의 대학들 역시 자국의 인재가 국외로 빠져나가지 않도록 하면서, 우수한 해외 인재들을 유치하기 위해 적극적인 투자에 나서고 있다.

천 년의 시험, '과거'의 마지막 이야기

조선 말기의 과거 시험은 누구든 먹고살 만하면, 공부를 했든 안 했든 일단 한번 참여해 보는 행사가 되었어. 과거 시험이 열린다는 소리만 들리면 다들 할 일을 제쳐 두고 참가하기 바빴지.

그럴수록 시험장은 더 난장판이 되어 갔고, 경전을 외우긴커녕 글자도 모르는 사람이 관리로 뽑히는 일이 아주 많아졌어. 게다가 시험 과목인 성리학 자체가 근대 국가의 행정을 담당하기에는 맞지 않는 학문이라는 걸, 이미 임금도 알고 신하들도 알고 있었지.

기울어 가는 조선의 운명과 마찬가지로, 천 년의 역사를 자랑하는 관리 선발 제도인 과거 역시 그렇게 끝을 향해 달리고 있었던 거야.

조선 시대 양반의 평생을 간략하게 압축해서 그린 〈평생도〉에 등장하는 두 장면으로 '장원 급제'(왼쪽)와 '영상 퇴조'(오른쪽)를 담고 있다. 영상 퇴조에서 영상은 '영의정'을 뜻하는 말이다. 그러니까 나라에서 가장 높은 관리인 재상이 되어 영광스럽게 은퇴한다는 의미를 지니고 있다. 양반의 인생에서 과거에 급제해 높은 벼슬에 오르는 게 얼마나 중요했는지 알려 주는 그림이다(작자 미상). ⓒ국립민속박물관

과거 시험장의 모습. 널찍하게 떨어져 앉아 감독관의 감시를 받으며 문제를 푸는 요즘 시험장의 모습하고는 느낌이 사뭇 다르다. 옹기종기 모여 앉아 있는 모습이 토론하면서 답을 쓸 수도 있을 것만 같다(김학수, 20세기). ⓒ국립민속박물관

마지막 과거 시험장의 풍경

1894년 5월, 한양에서 과거 시험이 열렸어. 늘 하던 대로 출세하려는 헛된 희망을 품은 자들이 모두 몰려들었고, 역시나 시험장은 난장판이 되었지. 옆사람 답안지를 슬쩍 베끼고, 다른 사람이 대신 시험을 보고, 이번에 안 되면 다음에 또 보면 되고……. 오늘날로 치면 로또와 같은 복권이라고 여겼나 봐. 언제일지는 모르지만 운이 좋으면 철

고종과 갑오개혁

'고종' 하면 떠오르는 이미지가 다양하다. 일제에게 강제로 퇴위당한 비운의 왕이기도 하고, 대한 제국을 세워 조선 왕조 최초로 황제 칭호를 쓴 강단 있어 보이는 임금이기도 하며, 일제의 위협을 견디다 못해 러시아 공사관으로 피신한 연약한 인물로 보이기도 한다. 이처럼 다사다난한 사건을 겪은 고종이 왕위에 오른 1864년은 이미 세도 정치의 폐해가 정점에 이르고, 외세의 침략이 이제 막 시작된 시기였다. 국내·외적으로 모두 문제가 많으니 정치적으로 어려울 수밖에. 갑오개혁 역시 복잡한 상황 속에서 이루어진다.

1894년 1월, 전라도 고부에서 군수의 수탈에 견디다 못한 농민들이 들고일어난다. 바로 '동학 농민 운동'이다. 전봉준을 필두로 한 농민들이 전주성을 점령하자, 위기감을 느낀 고종과 민씨 정권은 청나라에 도움을 요청한다. 톈진 조약에 의하면, 청·일 양국 중에서 한 나라가 군대를 파견하면 다른 한 나라도 자동적으로 군대를 보내게끔 되어 있기 때문에, 일본도 곧 군대를 파병한다. 이는 결국 청·일 전쟁의 도화선이 된다. 그해 11월, 동학 농민 운동은 일본군이 개입한 우금치 전투에서 패하면서 막을 내렸지만, 고종은 농민들의 요구를 일부 받아들여 같은 해에 개혁을 추진한다. 이것이 바로 '갑오개혁'이다.

갑오개혁은 청·일 전쟁에서 승리한 일본이 나랏일에 간섭을 심하게 하면서 국내의 시급한 요구 사항을 제대로 반영하지 못했다는 한계를 지니고 있지만, 낡은 관습을 폐지하고 각종 제도를 근대적으로 정비하는 전환점이 되었다.

썩 붙게 될지도 모른다는 희망을 품었겠지.

그런데 이때가 마지막 과거 시험이었어. 두 달 뒤, 고종 임금이 대대적인 개혁안을 발표하면서 과거 시험을 더 이상 열지 않겠다고 선언했거든. 올해 대학 수학 능력 시험이 끝나자마자 '내년부터 폐지!'라고 발표한 거나 다름없는 셈이지. 아무리 헛된 희망을 품은 사람들일지라도 내심 당황했을걸?

고종은 갑오년에 여러 가지 개혁을 단행했는데, 이를 '갑오개혁'이라고 불러. 갑오개혁은 청·일 전쟁에서 승리한 일본의 지지를 받은 개화파가 주도적으로 추진했어. 그만큼 일본의 입김이 세게 작용했다고 볼 수 있지.

갑오개혁은 1894년에 시작해서 1896년까지 모두 세 차례에 걸쳐 진행되는데, 제1차 개혁안 약 213건에 과거 제도 폐지가 포함되어 있어.

제1차 개혁안

* 문벌과 양반, 상민 등의 계급을 타파하여 신분의 귀천을 구별하지 않고 인재를 뽑아 쓴다.
* 남자는 20세, 여자는 16세 이하의 조혼을 금지한다.
* 과부의 재혼은 귀하고 천함을 따지지 않고 자유에 맡긴다.
* 공·사노비를 포함한 노비 제도를 폐지하고 사람을 사고파는 일을 금지한다.
* 과거 시험으로 관리를 뽑아 쓰는 것은 바람직하지 않으므로 폐지한다.
* 각 지방의 각종 세금은 화폐로 내게 한다.

과거 시험 대신 민족의 지도자로 나서다

당시 아홉 살 때부터 과거 시험을 준비한 인물이 있었어. 양반이 아니라는 이유로 받은 차별의 설움을 씻어 내기 위해 매일 공부에 전념했지. 그 이름은 바로 김구.

그렇게 준비하기를 팔 년째, 김구는 1892년에 열일곱 살의 나이로 과거 시험을 보러 갔다가 나이 드신 아버지 먼저 급제하라며 자신의 답안지를 양보하고 다음을 기약했어. 뭐 이제 시험을 대신 보거나, 답안지를 바꿔치기하는 건 누구나 하는 일이어서 부정행위라고 생각하지도 않았거든.

그런데! 얼마 뒤 과거 시험 자체가 아예 없어져 버렸지 뭐야. 인생의 목표가 순식간에 사라져 버린 거지.

김구에게 과거 시험이란 개인의 출세 수단이 아니라 관리가 되어 나라를 제대로 이끌어 볼 수 있는 기회였거든. 여기에 엎친 데 덮친 격으로, 일본

임시 정부 시절에 찍은 김구. 과거 제도가 폐지된 건 물론이고, 곧 나라까지 빼앗기게 되자 김구는 독립운동의 길로 나서게 된다. 결국 김구는 광복이 될 때까지 국내에 들어오지 못한 채, 중국 대륙을 전전하며 독립운동을 지휘했다. 사진에 적힌 글씨는 김구의 친필 사인이다(1945년경). ©연합뉴스

이 조선의 주권을 빼앗고 말았어. 김구는 그 소식을 접하자마자 마음을 어지럽히던 모든 미련과 잡념을 떨쳐내었지. 바야흐로 나라의 독립에 온몸을 던져 보기로 작정한 거야.

과거 시험 대신 신학문을 익히다

어릴 때부터 신동으로 소문이 났던 이승만. 열네 살 이하는 볼 수 없다는 과거 시험에 열세 살인 나이를 속여 가면서까지 응시했지만, 실력이 없는지 운이 없는지 번번이 떨어지고 말았어. 그러다 스무 살이 되었을 때, 이승만은 청천벽력 같은 소식을 들었어.

"서방님, 과거 시험이 폐지되었답니다. 이제 공부를 해 봐야 소용없으니 얼른 집으로 오시랍니다."

그때부터 이승만은 영어로 눈길을 돌렸어. 그 당시 조선으로 몰려오는 외국 세력들을 보면서 외국어가 곧 능력이라는 사실을 깨달았다나? (선견지명 하나는 인정해 줘야겠군.) 그 후 우리나라 근대 교육의 선구자 역할을 하고 있던 배재학당에 입학해서 영어 공부를 열심히 했지. (배재학당은 선교사가 세운 우리나라 최초의 사립 학교야.) 나중에는 미국으로 유학까지 가게 되지. 우리나라가 주권을 되찾은 뒤에는 미국을 등에 업고 대한민국 초대 대통령이 되었고.

해방 직후, 남한에 설치된 미국 군사 정부의 책임자 하지 중장과 만난 이승만과 김구의 모습. 두 사람 모두 과거 시험에 낙방했다는 공통점이 있지만, 그 후 걸어간 정치적인 행보는 정반대였다. 만약 두 사람 모두 과거 시험에 급제했었더라면, 좌의정과 우의정이 되어 서로 다른 의견을 내며 다투었을지도 모른다. 과거 시험이 우리 시대에서 별로 멀지 않은 것처럼 느껴지는 건 기분 탓일까? ⓒ연합뉴스

1953년, 이승만 대통령이 우리나라를 방문한 미국의 닉슨 부통령을 맞이하고 있다. 과거 급제의 뜻을 접고 신학문을 익힌 이승만은 미국 유학파였던 만큼 영어뿐 아니라 미국의 정치 상황까지도 잘 알고 있었다(1953년 6월). ⓒ연합뉴스

과거 제도, 역사 속으로 사라지다

과거 제도는 이제 역사 속으로 영영 사라졌고, 새로운 시대에 맞춰 관리를 뽑는 방식도 바뀌었어. 갑오개혁 이후에는 각 분야에서 추천 받은 뒤 정치학과 행정, 외교 등에 관한 지식을 평가하고 나서 관리로 뽑았지. 그 시험은 시간이 지나면서 고등 문관 시험으로 바뀌게 돼.

우리가 익히 알고 있듯이, 지금은 각 분야의 전문 인력을 뽑는 시험을 따로따로 진행하고 있어. 전문 시험을 통해 행정관이나 기술관, 외교관, 법관 등을 뽑는 거야. 조선 시대만큼은 아니지만, 해마다 꽤 높은 경쟁률을 자랑하지.

그리고 보면 우리나라는 지금도 교육열이 유난히 높은 편이야. 그 이유에는 여러 가지가 있겠지만, 과거 제도에서 받은 영향도 어느 정도 있지 않을까? 조선 시대 과거 시험에서 근대의 고등 문관 시험, 그리고 오늘날 대학 입시로 연결되는 흐름을 떠올려 보면, 그때나 지금이나 교육열이 높다는 공통점이 진하게 느껴지거든.

높은 교육열은 한국 전쟁이라는 큰 난리를 겪으면서 아무것도 남지 않게 된 우리나라를 다시 한 번 발전시키는 큰 원동력이 되었어. 물론 학벌 중시 풍조라든지, 입시 과열과 같은 사회 문제도 함께 생겨났지만……, 뭐, 장점이 있으면 그만큼 단점도 생기기 마련 아니겠어? 지금 우리가 겪는 부작용(?)들은 우리가 함께 고민하고 해결해 나가야겠지. 실학자들이 과거 제도에 대해 심각하게 고민했듯이 말이야.

아무튼 한 가지 확실한 건, 지금 우리가 치르는 시험들이 앞으로 또 어떻게 바뀔지는 아무도 모른다는 사실이야. 그때도 시험 전날 미역국은 피하고, 잘 찍으라는 의미로 포크를 선물하게 될까? 벌써 제5차 산업 혁명이란 말이 나오고 있으니, 그 누구도 상상하지 못한 기상천외한 방법이 나타날 것만 같은데?

양명이의 입신양명

아, 근데 질문이 뭐였더라? 맞다, 과거 시험이 무엇인지 알려 달라고 하면서, 그게 요즘 시험보다 쉬웠는지 물어봤지?

과거 시험의 어려운 점은, 뭐니 뭐니 해도 그 길 말고는 성공할 기회가 없었다는 사실이야. 일단 붙기만 하면 자신의 출세는 물론이고, 집안과 가문의 자랑이 될 뿐만 아니라 후손의 미래까지 결정하는 시험인데 쉬울 리가 있겠어?

한배에서 난 형제라도 과거 시험에 붙은 사람과 붙지 못한 사람은 생활에서부터 엄청난 차이가 났거든. 그래서 누구나 과거 급제를 꿈꾸고, 그것을 이루기 위해 평생을 매달렸지.

양명이가 한 질문 중에 '한번 급제하면 경복궁에서 흰머리 날 때까지 일하면서 시험 안 봐도 되지 않냐'고 했지? 반은 맞고 반은 틀렸어.

관직에 올라도, 인사 평가에서 점수가 낮으면 파직을 당하기도 했거든. 게다가 임금님이 관리들을 모아 놓고 시험을 보거나 시를 짓게 하는 경우도 많았어. 그러니 다들 꾸준히 공부했겠지?

반면에 한번 급제해서 벼슬살이를 하면, 나중에 지방에 내려가서 양반 대접을 받으며 어깨에 힘을 주고 살아갈 수 있었어. 제자들도 키우고, 하고 싶은 연구도 하고 하면서 말이야.

경쟁이 지나치게 과열되고 달리 출세의 길이 없었다는 단점이 있긴 하지만, 과거 제도가 안 좋은 점만 지니고 있는 건 아니었어. 과거 시험을 통해 끊임없이 새로운 인재들이 등장했으니까!

땅도 좁고 인구도 적은 나라에서 이이나 이황 같은 위대한 학자들이 여럿 등장할 수 있었던 건 과거 시험 덕분이라고 해도 과언이 아니야. 게다가 귀족들만 돌아가며 관직에 올랐다면 나라를 구한 이순신 장군도 애초에 등장할 수 없었겠지. 어찌 보면 '과거 제도'는 갖은 풍파를 겪으면서도 오백 년 동안이나 지속된 조선이라는 나라를 떠받친 기둥 중 하나가 아니었을까 싶어.

게다가 19세기 후반, 20세기 초반이 되어서 여러 다른 나라들로 전해져 지금의 공무원 선발 시험으로 정착했다고 하니……, 근 천 년 전부터 과거 제도로 인재를 뽑아 온 우리 조상들에게 어느 정도 자부심을 느껴도 좋지 않을까?

자, 이 정도 정리했으니 답장을 써야겠다.

답장　전체답장　전달　🗑삭제　스팸설정　복사　이동▾　　⋯

☆　제목 : 입신 중학교 양명이에게

▲　보낸사람 : 멍 박사

　　받는사람 : 양명이

네 편지를 받고 좀 당황했어. 과거 시험 정도는 가뿐하게 통과해서 장원 급제할 수 있을 것 같다는 너의 근거 없는 자신감에, 뭐라고 답을 해 줘야 할지 고민이 되었거든. 그렇다고 자라나는 꿈나무의 싹을 싹둑 자를 수도 없고……

과거 시험은 조선 시대 오백 년 동안, 출세를 할 수 있는 유일한 통로였어. 사실 요즘은 공무원이 되는 길 말고도 여러 가지 할 일이 너무 많잖아? 학생을 가르치는 선생님이 될 수도 있고, 기발한 앱을 개발해 자신의 회사를 세울 수

현대엔 성공을 위해서 아주 많은 방법들과 직업들이 있지.

하지만 옛날엔 성공하기 위해 오직 과거 시험밖에 없었어.

도 있어. 또 끼를 발휘해 연예계에 데뷔할 수도 있고, 맛깔스러운 요리를 만드는 셰프가 될 수도 있지. 각자 자기 능력에 따라 많은 일을 할 수 있고, 좋아하는 일을 하면서 행복해질 수 있어.

하지만 조선 시대에는 세상에 이름을 떨치고 집안을 일으켜 세우는 유일한 길은 과거 시험을 통해 관리가 되는 것뿐이었어. 심지어 양인이 아니면 이런 기회조차 주어지지 않았지. 그러니 자격만 되면 모두 과거 시험을 보기 위해 매달릴 수밖에.

상상해 봐. 열정 넘치는 젊은이들이 수백 수천 가지 일 중 하나를 선택하는 게 아니라, 다섯 살부터 여든다섯 살까지 이 시험 하나에 매달리는 모습을. 그렇다고 시험 문제가 쉽거나 뽑는 사람이 많은가 하면 그것도 아니었어.

이렇게 치열한데 흘러간 과거라고 해서 '그까짓 거'라고 폄하해 버린다면, 과거 시험에 평생을 바쳤던 우리 조상들이 슬퍼할지도 몰라. 솔직히 나라면 그렇게 무서운 시험에 매달리지 않아도 되는 걸 고마워할 듯한데?

다른 사람들과 똑같이 평생에 걸쳐 사서오경을 달달 외우는 공부를 하지 않아도 되고, 내가 가장 잘하는 것을 찾아서 관심을 갖고 직업으로 삼으면 되니까 말이야. 이런 게 바로 오늘날의 입신양명이나 마찬가지 아니겠어?

어쨌든 과거 시험이 어떤 것이었고 우리 조상들에게 어떤 의미였는지 대충 알겠지? 양명이 네가 이번 질문을 계기로 무엇을 잘하는지 곰곰이 생각해 보길 바라. 그리고 우리 조상님들이 장원 급제를 하기 위해 노력했듯이, 너만의 목표를 향해 열심히 노력하길!

아, 과거 시험이 어려운지 요즘 시험이 어려운지 아직 대답을 안 했다고? 그건 네 판단에 맡길게. 그 정도 답은 찾아야 입신양명하지 않겠어?

이만 안녕.

**과거 제도
조선을 들썩이다**

첫판 1쇄 펴낸날 2019년 4월 30일
6쇄 펴낸날 2023년 4월 17일

지은이 이광희·손주현 **그린이** 박양수
발행인 김혜경 **편집인** 김수진
주니어 본부장 박창희
편집 길유진 진원지 강정윤 조승현
디자인 전윤정 김혜은
마케팅 최창호 임선주
경영지원국 안정숙
회계 임옥희 양여진 김주연

펴낸곳 (주)도서출판 푸른숲
출판등록 2003년 12월 17일 제2003-000032호
주소 경기도 파주시 심학산로 10, 우편번호 10881
전화 031) 955-9010 **팩스** 031) 955-9009
홈페이지 www.prunsoop.co.kr **인스타그램** @psoopjr
이메일 psoopjr@prunsoop.co.kr

ⓒ 이광희·손주현·박양수, 2019
ISBN 979-11-5675-238-7 44910
　　　979-11-5675-237-0 (세트)